청어산문선
007

꿈을 찾아가는 여정

곽인화 수필집

꿈을 찾아가는 여정

곽인화 수필집

축하의 글

 곽인화 선생의 수필집 『꿈을 찾아가는 여정』의 상재를 진심으로 축하드린다.
 삶의 생명력은 활동에 있다. 사람은 끊임없이 움직이고 말하는 존재이다. 육체적 활동과 정신적 활동의 병행을 통해서 인간은 자기 꿈을 이루고 행복을 건설한다. 곽인화 수필가는 모든 독자와 삶에 대한 진리를 토론, 공유하고 싶어 한다. 자신의 인생관을 표출하는 방편으로 선택한 것이 수필문학이다. 이는 수필이 궁극적으로 인생과 세계관을 표현하기 때문이다.
 수필은 체험이 녹아 있는 개인의 언어지만, 자아에서 타아로 강하게 전이되는 특성이 있다. 언어 전개에서도 시문학처럼 난해하지 않아 문학적 사유공간을 견고하게 형성한다. 고로 수필의 목소리는 온화하고 부드럽다.

 곽인화의 삶은 매우 열정적이다. 중년의 세월을 살면서도 '평생학습강사학교' 과정도 수료했다. 농사를 생업으로 하면서 자기계발에 힘쓴 까닭에 그와 마주친 사람, 사건, 사물들은 다양한 소재로 변환되었으리라 유추된다. 그는 수필문학에 온 생애를 기투(企投)한 작가이다. 작가이기 전에 신실한 기독교인이다. 그의 수필 원고를 읽으면 이면에 은둔한 '기도의 목소리'를 감지하게 된다. 자아

성찰에서 사회 전반으로 확대되는 애절한 목소리가 담겨 있다. 그래서 수필을 '인간학'이라 부르기도 한다. 독자에게 다가서는 곽인화의 목소리는 꾸밈없어 진솔하다. 자기를 희생하면서 타인을 사랑한다는 것은 결코 쉬운 일이 아니다. 고로 창작은 위대한 예술행위이다. 나의 모든 것을 남에게 내주는 행어보시(行於普施)이며 희생적 헌신이다. 한 알의 밀알이 썩어서 많은 열매를 맺는 생명운동과 같다. 자아상실의 시대에 살고 있는 곽인화의 관심은 오직 '사람'에 있다. 대부분의 작품이 가정과 사회문제, 삶의 방향에 대한 깨우침을 던져준다. 삶에 지친 인간에게 새로운 활력을 불어넣는 복합 비타민제 같은 성찰의식이 돋보인다.

출판을 준비하면서 그는 기도했을 것이다. 아무리 좋은 책도 사람과 사람, 인연이 닿아야 열매를 맺는다. 예리하게 직시하기도 하고, 뒤집어 보기도 한 그의 의식 안에서 영적, 심적, 회복을 기대한다. 이 책은 언어적 기교보다는 간절한 기도로 써 내려갔음을 확인할 수 있는 책이다. 곽인화 수필가님의 문운 창성과 옥체 강녕을 축원드린다.

2025년 여름
옹진문화원장 태동철

작가의 말

　2012년에 첫 번째 수필집을 펴냈었다. 첫 번째 책 이후에 해마다 두 번째 수필집을 내는 것이 그해의 목표 중 하나였다. 하지만 목표로 끝날 뿐, 실천이 되질 않아서 목표에서 지워버렸었다. 내 글이 책이 되어 나오는 것을 바랐으면서도 한편 망설여지기도 했다. 수필은 자기 체험의 문학이다. 작품 속에 작가의 사상이나 인생관 등 온갖 사고와 품격까지 고스란히 반영되기 때문이다. 그러다 보니 글쓰기가 여간 조심스러운 게 아니다. 내 수필집을 읽어봤을 때 문학성과 표현 부족으로 독자의 기대에 이르지 못할까 봐 두렵기도 했다. 널리 읽히고 길이 남는 작품을 쓰고 싶은 욕구는 모든 작가의 한결같은 소망이다. 나 역시 그러하다.

　그래도 내 삶을 기록하는 것만으로도 의미가 있겠다 싶어서 다시 책을 펴내기로 마음먹었다. 자랑이나 특별할 것도 없는, 살아온 얘기를 귀담아 줄 누군가에게 말하듯 글로 쓰고 싶었는지도 모르겠다. 내 수필집을 수많은 독자가 읽지 않는다고 해도 단 한 명의 독자가 읽어준다면 그 독자에게 자기 삶의 배나 더 살게 해준 셈이니까.

　이 수필집을 마무리해야 하는 올해 몇 개월은 매일 아침 정기적으로 쓰고 시간이 날 때마다 글 쓰는 데 전념해야 했다. 이 책에는 첫 번째 수필집 발간 이후에 문학지와 옹진문화지 등에 실린 글과

10년 이상 써온 글을 하나로 묶었다. 이번 수필집에는 평생의 은인이신 큰아버지, 신포동 이모, 어머니에 대해서도 썼다. 지금은 어머니만 살아계신다. 나를 작가의 길로 인도해주신 손희락 선생님, 수필의 기본을 알려주신 하재준 선생님, 아가페문학회 회원들, 가족들, 그리고 글을 책으로 만들어주신 분께 감사 인사를 드린다. 이 책을 통해서 하나님께 영광이 되고, 독자들에게는 작게나마 공감, 위로, 읽는 재미를 줄 수 있다면 더 바랄 것이 없을 것 같다.

2025년 여름, 영흥도에서
곽인화

차례

축하의 글_태동철(옹진문화원장)   2
작가의 말   4

1부 꿈과 함께하기

6평 우리 집   12
불평 없이 살아보기   15
꿈을 찾아가는 여정   20
문화관광해설사의 자긍심   24
정들었던 자동차   30
여행을 좋아하는 이유   33
인생에서 제일 좋은 나이   35
내려놓기   39
버릴수록 얻는 이득   41

2부 글로 보는 세상

안경을 쓰고 보는 새로운 세상　48
평생학습강사학교를 수료하고　50
하재준 선생님과의 수필 공부　55
옹진문화원과 함께 한 8년　59
사소한 숙제 해결하기　61
40년도 더 된 이야기　63
사람의 일생　75
밥 잘 사주시는 김정애 님　76
유순 씨의 인간승리　80
행복한 고양이 튼튼이　82
땡감의 변신　89
제2의 고향 영흥도　93

3부	수필 여정		
	새옹지마	100	
	싱가포르 자유여행을 다녀와서	104	
	작은 도전	110	
	영흥도의 풍광과 그 매력	123	
	주사를 맞는 그 고통	127	
	미얀마 자유여행을 마치고	131	
	앙코르와트 자유여행을 다녀와서	144	
	스페인·포르투갈 단체여행을 다녀와서	162	
	일본 삿포로·오타루 자유여행을 다녀와서	181	
	[인천일보 기사]	191	
	[TBN 경인교통방송 인터뷰]	194	

4부 가족 이야기

나의 어머니　　200
어머니 실향민 모임 참석 일지　　215
세상에 둘도 없는 자매　　222
아버지 55주년 추도식　　228
그리운 큰아버지　　240
남편의 손은 금손　　251
딸을 향한 소박한 바람　　254

1부

꿈과 함께하기

6평 우리 집

전에 살던 집은 시부모님께서 지으신 지 70년이 된 집이다. 우리도 거기서 20여 년째 살고 있었는데 타의에 의해 갑자기 집을 비워줘야 하게 되었다. 몹시 당황했지만 뭔가 결정이 필요했다. 간단하게 집 마당에다 컨테이너라도 놓고 살까 아니면 힘들지만 우리가 늘 이사하고 싶었던 곳으로 갈까였다. 우리 부부는 평소에 햇볕 잘 들고 건조한 지금의 위치로 이사하고 싶었지만 여건이 되지 않아서 실행하지 못하는 중이었다. 우리가 가려는 곳은 이미 감나무와 매실나무를 심고 가꾸고 있는 곳이다. 거기로 가려면 지목 일부를 변경해야 하고 지대가 높아서 토목공사도 해야 하는데…. 컨테이너냐 이사냐 중에서 갈등하다가 그래도 마음 편한 게 제일이다 싶어서 무리해서 이사하기로 했다.

맨 먼저 회사를 방문하여 6평짜리 이동식 목조주택을 계약하고 건축과 토목설계소에서 계약도 했다. 이때가 1월 초였다. 우리는 건축이 아니고 완성된 주택을 이동 설치하는 것이라서 2~3개월이면 완공될 것으로 예상했는데 완전히 빗나가고 말았다. 주택허가를 받고 토목 공사하는데 생각보다 오래 걸렸다. 우여곡절 끝에 6월에 드디어 집이 도착했다. 이동식주택인데도 전기공사하고 계량기 달고 하느라 입주까지도 시간이 걸렸다.

2019년 6월, 현재의 장소로 이사했다. 이사를 하려고 보니 웬 짐이 이렇게 많은지 많을 줄은 알았지만 이렇게까지 많을 줄은 몰랐다. 어머니 살림살이에 우리 것까지 가져왔으니…. 하지만 경비를 아끼기 위해 1톤 트럭을 불러서 장롱과 냉장고 등 크고 무거운 것만 싣고 나머지는 남편이 경운기로 수없이 날랐다.

6평 집으로는 생활하기에 턱없이 부족했다. 새로 이사할 집의 공간이 30평은 되어야 했다. 그래서 이동식 목조주택 옆에 대형 컨테이너 2개를 양옆으로 설치하고 가운데는 함석으로 덮었다. 처음에는 함석지붕이 허술해서 비가 새고 습기가 많이 찼다. 그 후에 남편이 컨테이너를 충분히 덮도록 지붕을 제대로 설치했다. 그 컨테이너 두 개 중 하나는 방을 2개로 만들었다. 나머지는 창고로 사용한다. 주택으로 사용하는 6평 목조주택 현관 앞에도 방부목 데크를 시공했다. 그것만 해도 좋은데 투명한 자재로 지붕을 얹고 양옆에는 유리창과 출입문을 각각 달았다. 데크 바깥쪽에는 춥거나 비나 눈이 오면 가릴 수 있도록 비닐이 내려오도록 장치했다. 이 간단한 장치 덕분에 눈이 오고 비가 와도 끄떡없다. 남향이라 겨울에는 아무리 바람 불고 추워도 해가 있으면 방은 온실 속처럼 따뜻하다. 집이 높은 고갯길에 홀로 있으니 사람들은 춥지 않냐고 하지만 아니다. 날씨가 더워지면 겨울에 방안 깊숙이 들어오던 해가 더 이상 들어오지 않는다. 남편은 데크 천장을 차광막으로 여러 겹 덮는다. 그리고 방에는 에어컨을 켜니까 괜찮다.

6평집의 부엌에는 조리 공간 또한 작아서 소량의 음식만 조리가 가능하다. 처음에는 창고건물에 설치한 가스레인지에서 큰 곰솥을 쓰기도 했는데 몇 년 새에 체력이 달려서 이제는 왔다 갔다 하기가 쉽지 않다. 대형 조리도구를 쓸 수 없어서 불편하기도 했는데 어느덧 작은 화구에 익숙해져서 오히려 힘이 덜 든다. 처음 이사했을 때는 불편함투성이였지만 이제는 집이 작을 뿐 생활하는 데 불편함을 느끼지 못한다.

몇 년 전의 그 사건이 없었더라면 지금쯤 어떻게 살고 있을까. 그때 이사 오길 정말 다행이다. 한 살이라도 젊었을 때 이사 오길 잘했다. 이곳은 지대가 높아서 아래가 잘 내려다보인다. 집에서 몇 발짝만 올라가면 인천 앞바다도 잘 보인다. 게다가 바로 아래가 군도로라서 마을버스를 타기에도 좋다. 나는 이 집으로 만족한다. 아니 6평집으로도 충분하다.

불평 없이 살아보기

작년에 불평 없이 살아보려고 시도했었다. 아무 어려운 일이 없는 평온한 날이 지속되었다면 그런 시도는 하지 않았을 것이다. 작년에 타의에 의해 경제적, 정신적으로 원하지 않는 상황이 발생한 일이 있었다. 내가 결정할 수 없는 상황에서 어떻게 하는 게 좋을지를 생각하느라 평소처럼 고민에 빠졌었다. 그러다가 내가 상황을 선택할 수는 없지만 태도는 선택할 수 있다는 말이 생각났다. 나는 의식하지 못한 채 불평하고 고민하는 대신 더 나은 방법을 찾아보고 싶었다. 그래서 기뻐하기를 선택했다. 동시에 기도하고 감사하기로 마음을 바꾸자 마음이 편해지는 느낌이 들었다.

그러던 어느 날 책꽂이에서 『불평 없이 살아보기』가 눈에 띄었다. 부제는 '삶의 기적을 이루는 21일간의 도전'이다. 이 책은 2009년 발행되었으며 이미 읽은 바 있다. 책에서는 손목에 보라색 고무밴드를 끼우고 있다가 불평하는 순간 다른 손목에 팔찌를 끼우는데 한 번도 바꾸지 않은 날이 21일이 되면 성공하는 것이다. 나는 밤에 잠이 오지 않을 때 그 책을 펴서 읽었다. 내게는 보라색 밴드가 없어서 하얀 고무줄을 왼쪽 손목에 꼈다.

도전 첫날이었다. 사람과 접촉하면 무의식중에라도 불평하기 쉬운데 남편이 일하러 나가서 오후 4시 30분까지는 괜찮았다. 집에 돌아온 남편은 정치 상황에 대해 불평을 했다. 나는 입을 꾹 다물었다. 그 후 밖에서 남편을 기다리게 됐는데 생각보다 늦게 오자 나도 모르게 "아이구 더워" 하는 말이 튀어나왔다. 저녁 식사 때도 정치에 대해서 또 불만을 늘어놓기 시작했다. 나는 남편의 말을 듣기가 싫어서 밖으로 나갔다. 불평하지 않기를 실천하자 옆에서 불평하는 말을 듣기가 무척 괴로웠다.

불평할 상황에도 불평 대신 기뻐하기로 결심하고 손목에 하얀 고무줄을 끼고 지내보니 전보다 잠도 잘 잤다. 전에는 밤에 잠이 오지 않으면 전화기로 뉴스 검색과 유튜브를 보았으나 이제는 그 책을 읽고서 잠을 청한다. 그 책을 읽으며 나에게 지금이 얼마나 감사하고 행복한지를 깨달았다. 남편이 건강하게 내 옆에 있어서, 딸이 그만큼 건강해서, 친정엄마가 계셔서, 지금이 가장 건강한 상태라서…. 내가 좋지 않은 상황에서도 기뻐하기로 마음먹었을 때 그 상황 속에 숨겨져 있는 복을 기대하며 기다리기 시작했다. 그리고 필요한 것을 구함으로 얻으려고 한다.

새벽에 깼을 때, 가슴이 불안으로 인해 두근거리지 않음을 느꼈다. 내가 불평불만을 말할 때 마음이 불안했었다. 불평을 그치니 마음도 편안하다. 낮에 무슨 동영상을 보면서 나서 나도 모르게 중얼댔다 "별것도 아닌 걸 가지고" 그래서 갈아 끼웠다. 또 휴대전화기로 뉴스를 보다가 어떤 기사 내용에 분노해서 나도 모르게 "미친…" 하고 말하고 말았다. 아침에 온양에 가려고 대합실에서 790번 버스가 출발하길 기다렸다. 출발 5~6분 전에 기사님과 승객 1명이 타는 게 보여서 버스 앞으로 가서 문을 열어주길 기다렸다. 열어주지 않아서 두드렸더니 뭐라고 했다. 나도 모르게 "왜 안 열어줘!'라는 말이 입에서 나왔다. 블로그에 전에 찍은 사진을 올리는데 사진의 질이 계속 좋지 않자 나도 모르게 "아이구 지겨워라"라고 조그맣게 말했다. 불평과 비난은 지속됐고 나는 손목의 고무줄을 계속 바꿔 끼었다. 이 밖에도 불평은 계속됐다.

선재도에 있는 어떤 식당에 처음 가는데 남편이 네비게이션이 가라는 대로 가지 않아서.

남편과 인천에 볼일을 보러 가려는데 시간이 됐는데도 너무 느긋해서.

점심 먹다가 윗입술을 씹어서 아야! 했는데 남편이 그걸 듣고 가만 있어서 무심하다고.

딸네 갈 때 찍힌 교통범칙금 과태료가 나오자 남편에게 네비 틀고 운전하라며.

예약주차장 예약하려다가 카드 결제를 할 수 없어서 등…

아무리 불평하지 않으려고 해도 계속 불평이 나왔다. 이제는 소리 내서 하는 불평이나 비난하지 않고 속으로만 하는 거라면 그냥 넘어가는 걸로 해야겠다. 아예 입을 닫고 살아야 할는지… 어떤 경우에도 불평하지 않고 기뻐하고 기도하고 감사하기를 실천하기에 나는 너무 멀었다.

　몇 달이 지났다. 어느덧 말할 때마다 내 말이 불평은 아닌지 생각하고 말하게 된다. 저자는 책에서 이렇게 말했다.

　내 안부를 묻는 사람에게
　"네~ 요즘처럼 지내기만 하면 천국이 따로 없지요!"라고 대답한다고
　비판의 마음이 생기면 "나는 보라색 밴드를 옮기고 싶지 않다!"라고 (자신에게) 말한다고

　딸이 병원을 다녀오는 날이었는데 문화탐방에 다녀오느라 챙기지 못했다. 전화하니 받지 않았다. 무슨 일이 생겼나 싶어서 아득해졌다. 하지만 이럴 때 내 태도를 "어떤 일이 있어도 불평하지 않고 기뻐하고 기도하고 감사하기"로 정해두었기에 딸에게 "메시지를 확인하면 전화를 달라"고 카톡을 보냈다. 딸은 1시간 후 전화를 하여 밝은 목소리로 이제 시험이 끝났다고 했다.
　10월에 확인해 보니 나도 모르는 사이에 불평 없이 살아보기 21일이 끝나 있었다. 불평하지 않고 살아보기에 도전했을 때 초반엔 남편의 불평이 너무 거슬려서 하지 말라고 말했으나 이제는 그런 상황에도 같이 비판하거나 불평하지 않고 지켜보자 이제는 바로 멈춘다. 이젠 그도 내 앞에서 불평하는 횟수와 강도가 준 것 같다. 처음엔 불평하지 않기에는 힘든 현실로 인해 불평하지 않고 살아보기

에 도전했었다. 확실한 사실은 불평이 줄어들수록 마음이 더 평안해졌고 잠도 잘 잔다. 작년에 불평 없이 살아보기를 했다고 해서 지금은 불평을 전혀 하지 않는 것은 아니다. 하지만 불평을 의식하고 있고 더 줄이려고 노력한다. 지금도 원하지 않는 상황이 종종 발생한다. 내가 어찌할 수 없는 일들이다. 하지만 불평하지 않고 기뻐하고, 기도하고, 감사하겠다고 태도를 정해 놓자 나는 훨씬 더 마음이 편해졌다. 비록 절반의 성공을 거두었지만 그래도 불평 없이 살아보길 잘한 것 같다.

항상 기뻐하라
쉬지 말고 기도하라
범사에 감사하라
이것이 그리스도 예수 안에서 너희를 향하신 하나님의 뜻이니라
―데살로니가전서, 제5장 16~18절

꿈을 찾아가는 여정

어느 날이었다. 하루하루 아무런 즐거움도 의미도 없이 그저 살아가고 있는 지금이 내가 원하는 삶이었는지 문득 의문이 들었다. 그러자 마음속에서 고개를 가로저었다. 그렇다면 꿈은 무엇이었을까 생각해 보니 아주 오래전 일이 떠올랐다. 이리시(익산시)에서 국민학교에 다니고 있을 때 등굣길 왼쪽에 여학교(아마도 중, 고등학교)가 있었다. 그 학교를 지날 때면 그 학생들이 뛰노는 모습을 보면서 막연히 학교 선생님이 되면 좋겠다고 생각했었다.

내가 고등학교에 입학할 즈음에는 서울로 유학하는 바람이 불어서 웬만한 집은 자녀를 서울로 진학시켰다. 우리 작은집 만해도 천안에서 양장점을 하면서 자식들을 서울로 보냈다. 나는 취업을 하려고 서울로 갔다. 서울에서 상업고등학교을 졸업하고 직장생활을 해야겠다는 생각으로 마침 큰집이 있는 서울로 진학을 했었다. 그 후 직장생활을 하다가 인천에서 결혼했다. 서울에서 살고 있을 때 몸이 아파서 생각지도 않게 남편의 고향이자 시어머니가 계시는 영흥도로 오게 됐다. 영흥도에서 살다가 몇 년 후에 딸이 고등학교에 진학하는 바람에 다시 인천으로 가서 의류 수선집을 하고 있을 때였다.

그때가 40대 중반이었다. 나는 꿈이 뭐였는지 생각이 나지 않았다. 그래서 지금 하고 싶은 게 무언지 좋아하는 게 무언지 골똘히 생각해 봤다. 아무리 생각해 봐도 뚜렷하게 떠오르는 게 없었다. 하지만 지금처럼 재미도 의미도 없고 그렇다고 기대하는 만큼 경제적인 수입이 생기지도 않는 일 대신 더 나은 것을 찾아보자는 쪽으로 방향은 정했다. 오랜 궁리 끝에 공부를 다시 시작하면 어떨까 싶었다. 남들이 대학에 진학할 때 나는 못 했던 게 늘 마음에 걸리지 않았던가. 그때부터 가게에서 일하면서 TV 영어프로그램을 틀어놓고는 무조건 듣고 따라 하기 시작했다. 영어 공부를 한 이유는 영흥도에서 인천으로 이사하면서 컴퓨터, 운전, 영어를 하려는 목표를 세웠었다. 컴퓨터는 교회에서 하는 프로그램에서 배웠고 운전면허도 취득했기에 남은 건 영어 공부였다. 한 2년간 그렇게 뭐가 뭔지도 모르고 혼자서 하고 있는데 어느 날 인천시민대학에서 학생을 모집한다는 공고를 보았다. 학교 다닐 때도 영어를 잘하지 못했기에 자신은 없었지만 선생님께 제대로 배워보고 싶었다.

시민대학에 다니며 보니 대부분이 나보다 영어를 잘하는 것 같았다. 1년 과정을 졸업할 즈음 교수님은 방송통신대학교에 진학할 것을 권하셨다. 대학에는 가고 싶지만 영어 실력이 부족해서 망설이고 있을 때 교수님께서는 영어 실력보다는 태도가 중요하다고 하시며 나는 태도가 좋으니 열심히 하면 될 것이라고 해주셨다. 평소에 결석하지 않고 성실히 노력하는 모습을 좋게 봐주신 것 같다. 방송대학에 원서를 내고 합격자발표일에 수화기 너머로 합격자발표를 기다릴 때다. 몇 초가 몇 시간처럼 길게 느껴졌는데 합격했다는 소리를 듣고서 얼마나 기쁜지 어떤 유명 대학이 부럽지 않았다.

내가 일하면서 공부할 수 있는 곳은 바로 방송대였기 때문이었다. 살면서 그런 큰 기쁨을 처음으로 맛보았던 것 같다. 동시에 무슨 좋은 직장에 취업이라도 한 듯 4년간 마음껏 공부할 생각에 뿌듯하기까지 했다. 대학에 입학해서 공부를 시작하자 신기하게도 부러운 사람이 없어졌다. 밥을 먹지 않아도 배부른 느낌, 돈이 많이 없어도 아무렇지 않고, 누구든 부럽지 않았다. 이제야 그때의 그 감정이 무엇이었는지 알 것 같다. 15살 때 사고로 아버지와 오빠를 갑자기 잃기 전까지 나는 슬픔이나 아무런 부족함을 느끼지 못하고 지내왔었다.

그러다가 아버지가 세상을 떠나시자 슬픔과 결핍이 내 마음에 들어와 있었던 것 같다. 그렇게 수십 년을 살다가 방송대에서 공부를 시작하자 30년 이상 가지고 있던 낮은 자존감을 한순간에 떨쳐낸 듯 마음이 자유로워졌다. 마음이 자유로워지자 행동도 따라서 자유로워졌다. 겉으로 달라진 건 없는데 괜히 당당해졌다. 방송대 진학을 계기로 확실히 전과는 속이 다른 사람이 되어 있었다. 지금 생각해도 참 신기한 감정이었다. 공부는 나를 한 단계 성장하도록 이끈 디딤돌이 되어준 것 같다.

과제물을 제출해야 할 때는 상업고등학교 때 배웠던 컴퓨터 실력으로 모든 과제물을 혼자서 해낼 수 있었다. 방송대의 공부가 쉽지는 않지만 그렇다고 따라가지 못할 정도는 아니라는 것을 알았다. 동시에 공부가 그렇게 재미있을 수도 있다는 것을 깨닫는 시간이었다. 방송대 2학년 때 영흥도로 이사하여 피아노학원에서 영어를 가르치기 시작했다. 4년 과정을 마치고 졸업했다. 다음 해에 중국에 가서 간이식 수술을 받았다. 회복 후에 학생들에게 영어를 가르치면서 다시 한번 공부에 도전해 보기로 했다.

대학원에 입학하자 내 힘으로 할 수 없을 정도로 어려운 과제도 많았지만 포기하지 않고 문을 계속 두드린 끝에 논문이 통과되어 졸업할 수 있었다. 그 후로 여러 가지 활동을 해왔다. 그동안 20여 개국을 여행하기도 하고 작가로 등단하여 수필집을 냈고, 영흥면에서 문화관광해설사로 10년째 활동하고 있다. 요즘은 하루하루 의미와 재미를 느끼며 즐겁게 생활하고 있다. 이제야 비로소 내 꿈이 뭔지 알게 되었다.

문화관광해설사의 자긍심

▶ 해설하는 모습

문화관광해설사가 되기까지

 남들은 정년은퇴(停年隱退)할 나이에 영흥면에서 문화관광해설사 활동을 시작했다. 하지만 영흥면에서 활동하는 해설사가 없을 때부터 내가 관광객에게 관광 안내나 해설을 할 수 있으면 좋겠다고 생각해왔다. 평소 여행지에서 해설사의 해설을 들으면 그 여행이 더 풍부해지는 경험을 많이 해왔기 때문일 것이다. 옹진군은 멋진 곳이 많은 데 비해 덜 알려진 것 같아서 내가 가본 옹진 섬의 아름다움과 영흥면의 가볼 만한 곳을 소개하고 싶었다. 영흥면에서 해설사로 활동하기 위해 군청의 모집 공고를 보려고 수없이 홈페이지를 들락거리기도 했다. 그러나 내가 활동할 수 있는 기회는 생기지 않았다.

하는 수없이 2012년 바다해설사 2기 교육을 받고 활동을 시작했다. 그러나 영흥도에는 바다해설사 활동을 인정해주는 곳이 없었다. 하는 수 없이 대부도의 어촌체험마을에 가서 활동을 해야 했기에 거리가 멀고 교통편도 좋지 않아서 지속하기 힘들었다. 2013년에는 인천광역시립박물관 유물해설 자원봉사자 교육생 및 수습자원봉사자를 시작으로 박물관에서 유물해설자원봉사자로 4~5년 활동했다. 그 외에도 인천 연수구 문화유산해설사 자격증을 취득하여 연수구에서 해설사로 활동하고 있었다.

그러는 중에 지인으로부터 옹진군 문화관광해설사를 모집한다는 소식을 들었다. 나는 지체하지 않고 서류를 접수했다. 2016년부터 문화관광해설사 활동을 시작하여 2017년부터는 십리포 관광안내소에서 근무하고 있다. 이후 다른 해설사 활동은 모두 그만두고 영흥면 문화관광해설사로만 활동하고 있다.

해설 활동 중 에피소드

2023년 어느 날이었다. 인천남동농협 1기 주부대학생들을 대상으로 '인천생생시정현장견학'시 해설을 할 때였다. 십리포에서 해설을 마치고 함상 공원으로 해설을 한 후 해군전적비로 올라갔다. 대상이 80대 여성들이다 보니 평소에 하던 시나리오보다 더 알아듣기 쉽게 해설하려다 보니 시나리오가 꼬였다. 무난하게 수습은 했지만 현장의 유동적인 상황에 잘 대비해야겠다고 생각한 날이었다.

2024년 상반기에는 옹진문화원회원들이 영흥면 문화탐방을 오셨었다. 영흥면 해설사들이 4명 모두 참가하여 한군데씩 맡아서 해설하기로 했는데 나는 선재도 목섬 담당이었다. 김기룡 박사께서 목섬 입구의 바위에 대해 해설하셨다. 나는 항도 설명문 앞에서 느티나무 보호수와 인간극장에 나왔던 인물에 대해 해설해 드렸는데 회원들이 재미있었다고 하셔서 보람 있었다. 어느 날은 지방에 다녀오느라 전철을 탔는데 관광객이 내 번호로 전화하셨다. 보통은 관광지의 해설을 원하시는데 이분은 숙소를 부탁하셨다. 검색을 해서 원하시는 지역의 숙소를 몇 군데 알려드렸더니 나중에 알맞은 숙소를 구했다며 고맙다고 하셨다.

작년에는(2024. 6. 11~12) 인천시에서 전체 100여 명의 문화관광해설사 통합연찬회(인천 도심권, 강화, 옹진 11명)를 할 수 있도록 기회를 주셨다. 1박 2일간 익산시의 해설사들이 가는 곳마다 해설을 해

주셨다. 내가 탄 2호차 해설사님은 익산 미륵사지의 세계유산 등재는 원광대학교 마한백제문화연구소가 2006년부터 추진해 2015년 7월 8일 세계유산으로 등재되었다고 하셨다. 또한 익산 왕궁리 유적은 전부터 가보고 싶었던 곳인데 이번에 다녀올 수 있어서 기뻤다. 이 연찬회를 통해서 익산의 유물과 유적을 둘러볼 수 있어 유익했고 인천지역의 해설사들 간에 교류하는 기회가 되어서 즐거운 시간이었다.

눈이 와서 힘들었던 보수교육 기간

작년 11월 30일, 아침에 눈을 떴다. 보수교육이 끝났으니 오늘은 일찍 집을 나서지 않아도 된다는 안도감에 마음이 편안했다. 또다시 빙판길을 걷지 않아도 되니 말이다. 다른 지역도 마찬가지지만 옹진군 해설사들은 1년에 한 차례 보수교육을 받는다. 작년에는 11월 27~29일로 교육 날짜가 너무 늦어졌다. 수요일부터 교육인데 기상 상황이 좋지 않아서 대부분 월요일에 미리 섬에서 나왔다.

교육 당일인 27일은 영흥도에서 인천으로 출발할 때부터 눈이 내리더니 교육을 마치고 돌아가는 길에도 눈이 내렸다. 영흥도에서 오신 해설사 중에 790번 버스 운행이 갑자기 중단되어 집에 가지 못한 분도 계셨다. 나는 영흥도에서 다니기 힘들어서 딸네 집에서 다녔다. 수업이 끝나서 전철을 타고 가는 도중이었다. 일부 구간에서는 시속 25km 이하로 운행하고, 지연되기도 하여 평소에 한 시간이면 도착할 거리를 2시간 만에 도착했다. 긴장하며 조심조심 걸어서일까. 밤새 온몸이 쑤시고 아팠다. 다음날도 또 눈이 쌓여서 조심스럽게 걸어서 오전 9시 넘어서 도착했다. 낮에는 영상의 기온으로 눈이 많이 녹기는 했으나 길이 미끄러워서 해마다 보수교육 때 한 번은 함께 모여 식사를 했는데 올해는 그러지 못했다.

마지막 날은 서울북촌투어 현장체험활동을 가기 위해 아침 6시 20분에 출발했다. 가는 도중에 길이 얼어서 여러 번 미끄러질 뻔했다. 운현궁에서 문화유산해설사를 만나서 2조로 나누어 북촌 투어를 마치고 돌아왔다. 황금희 원장님의 해설기법과 해설 실습시간이 나의 해설에 조금이라도 활용할 수 있는 내용이 있었다고 느낀다. 보수교육은 나의 자세를 다시 한번 가다듬는 기회가 되는 것이다.

COVID-19 시기에는 거리두기로 인해서 근무가 중단되기도 하고 어떤 때는 예산이 적어서 근무일 수나 시간이 단축되기도 했다. 그렇다고 해도 의미와 재미가 있는 문화관광해설사의 일은 내게 꼭 맞는 옷을 입은 것처럼 어울린다. 올해는 영흥도에서 문화관광해설사로 활동한 지 10년 차다. 처음에 시작할 때는 10년은 활동할 수 있으면 좋겠다고 생각했었다. 이제는 이 일이 즐겁고 보람 있어서 힘이 닿는 한 할 수 있기를 소망한다.

▶ 해설사 보수교육

정들었던 자동차

사람은 물론 물건도 쓰다 보면 정이 들면 버리기가 아쉬운 법이다. 대중교통이 발달한 도시에서도 대부분이 자가용을 가지고 있지만 내가 사는 영흥도는 버스 배차시간이 뜸해서 자동차가 꼭 필요하다. 우리는 전에 타던 자동차를 폐차하고 승용차를 새로 구입했다. 전에 타던 차는 하이패스를 사용할 수 없었고 연식이 오래서 멀리 갈 수 없어 조심스러웠다. 새로 산 차는 하이패스가 있어서 소유주 명의를 변경하면 되었다. 전에는 고속도로를 달릴 때 요금소를 통과하려면 사람이 있는 곳을 찾아야 해서 불편했었다. 이제는 고속도로를 달릴 때도 요금소를 지날 때도 정차하지 않고 쌩쌩 달릴 수 있으니 비록 중고지만 새 차임을 실감할 수 있다.

전에 타던 승용차와는 정이 많이 들었었다. 2009년도에 SM5를 중고로 구입했다. 남편이 차를 봐뒀다며 같이 가보자고해서 처음 봤을 때였다. 중고차 중에서도 유독 뽀얗게 먼지가 앉아있는 차를 가리키며 그 차라고 해서 깜짝 놀랐다. 그래서 남편에게 왜 이 차냐고 물으니 가스 차 중에서 예산에 맞았을 뿐이라고 하며 먼지는 생각 못 했다고 했다. 그래서 차량을 판매하시는 분에게 이 차가 얼마나 오래도록 세워져 있었기에 이렇게 먼지가 많이 탔는지 물었다. 그분은 내가 흠을 잡으려고 하는 줄 아셨는지 시트를 새로 갈아주

겠다고 했다. 그 차는 지금은 거의 없는 녹색 자동차 번호판을 달고 있었고 내가 장애인라서 가스차 구입이 가능했다. 그때만 해도 장애인만 가스차를 구입할 수 있었기에 지금보다는 선택의 폭이 좁았다고 할 수 있다. 그 뽀얀 먼지로 인해서 그 차에 대한 첫인상이 좋지는 않았다.

하지만 16년을 타는 동안 차량 자체의 결함은 거의 없었던 것 같다. 대중교통이 불편한 지역에 살아서 승용차를 타고 다닐 일이 많은데 우리는 그 차를 참 잘 타고 다녔다. 처음에는 조용하던 차가 해가 갈수록 점점 소리가 커졌고 보닛(후드) 색깔도 바랬다. 해외여행 할 때 며칠씩 공항에 세워두었고 국내 여행할 때도 잘 타고 다녔다. 오래전, 강화도 교동에 갔다가 도로가 좁아서 모서리에 부딪히는 바람에 차량 문짝이 모두 망가져서 앞문은 교체하고 뒷문은 검정 스카치테이프로 붙이고 다니기도 했다. 겨울에 온양 갈 때는 도로 포트홀에 타이어가 파손되어 차량을 견인하고 바퀴를 교체하기도 했다. 최근 3~4년간은 에어컨가스 넣는 곳에 금이 갔는지 가스가 바로 빠져버려서 해마다 가스를 주입하기도 했다. 겨울에는 시동이 걸리지 않아서 보험사에 전화하여 긴급출동 서비스를 받기도 했다. 작년 봄에는 의자 있는 곳의 쇠가 내려앉았다고 하여 거금을 들여 주고 쇠를 갈았으나 소리는 점점 커져만 갔다.

급기야는 운행 중에 어떻게 될지 몰라서 내가 사는 지역, 병원, 교회에 갈 때만 조심스럽게 타고 다닐 정도였다. 그런 상황이라 어쩔 수 없이 차를 사기로 했다. 작년, 초여름이었다. 차를 사러 가는 동안에도 썬팅이 약한 데다가 에어컨이 거의 나오지 않아서 차 안이 몹시 더운 채로 중고차 매매센터에 도착했다. 거기서 우리에게 딱 맞는 자동차를 구입할 수 있었다. 우리는 마침내 16년간 탔던 그 정들었던 자동차를 미련없이 보내줄 수 있었다.

여행을 좋아하는 이유

중학교 때 수학여행을 다녀왔다
고등학교 때 수학여행을 가지 못했다
성인이 되어 친구들이 해외에
가자고 할 때 가지 못했다

40대에 자영업을 하면서
혼자서라도 산에 다니기 시작했다
국내여행의 시작이었다

2006년도 중국에 가서 수술을
대기하는 동안 북경 일대를 여행했다
해외여행의 시작이었다

죽음의 문턱에서 비로소
해외여행의 문이 열렸다
건강을 잃어보지 않았더라면
천년만년 살 것처럼
일상생활에만 몰두했을지 모르겠다

학교 다닐 때 수학여행을 가지 못해서
그때 친구들처럼 해외여행을 가지 못해서
지금도 지치지 않고
국내건 해외건 여행을
좋아하는지 모르겠다

인생에서 제일 좋은 나이

오이도역에서 영흥도 가는 버스를 기다리다
아는 분을 오랜만에 만났다
나이가 어떻게 되냐고 물으셔서
70쯤 된다고 했더니
70쯤만 되도 괜찮다며
80쯤 되니 힘들다고 하셔서
70쯤도 힘드네요 했다

일찍이 상업고등학교에 진학하면서부터 컴퓨터 사용법을 배웠다. 지금도 컴퓨터로 검색하거나 문서를 작성하는 데 익숙한 편이다. 며칠 전부터 컴퓨터 맨 위에 있는 파일·편집·보기 아래에 나와 있었던 아이콘들이 보이지 않아서 당황했다. 작업표시줄, 상태표시줄 등으로 검색해도 되지 않았다. 전에 공부한 컴퓨터 교재를 찾으려다 찾지 못했다. 다시 컴퓨터 화면에서 이것저것 누르다가 파일 옆의 'V'을 누르니 도구들이 나왔고 금방 복원이 되었다. 없어진 부분이 '기본도구상자'라는 걸 새로 알았다. 젊은 사람들은 두려움 없이 이것저것 잘도 눌러보는데 나는 뭐가 잘못되기라도 할까 봐서 겁을 낼 때가 많다.

이틀에 한 번 마을버스를 타고 출근한다. 근무지에서 집에 오는 버스를 타려면 오전에는 매시 26분에 출발하고 오후에는 16분에 출발한다. 어느 날이었다. 점심을 먹으려고 16분에 맞춰 나왔는데 기다려도 오지 않았다. 버스 고장이나 검사로 종종 그런 일이 있었기에 아무 생각 없이 남편에게 전화했다. 남편을 기다리고 있는데 버스가 정시인 26분에 도착했다. 오늘 왜 그렇게 버스가 늦게 왔을까 생각하다가 내가 오후 시간으로 착각했다는 걸 깨달았다. 버스를 타지 않는 내가 궁금했는지 건너편 편의점 사장님이 버스를 왜 안 타세요? 해서 방금 일어난 일을 얘기하고 서로 웃었다. 올해 들어서 1.4kg을 감량하기로 마음먹었다. 하루에 10g씩 몇 달 동안 서서히 빼려고 하는데 아침에 일어날 때 체중을 재보고 있다. 침대에서는 바로 체중을 재야지 하는데 내려오면서 그걸 잊어버리는 바람에 재지 못한 적이 많다.

남편은 딸이 자신의 텀블러를 쓰고서부터 뚜껑이 잘 열리지 않는다고 했다. 그래서 안 쓰고 있었는데 어느 날 텀블러를 자세히 보니 뚜껑이 잠금상태로 돼 있었다고 한다. 우리는 과수원을 하고 있어서 종종 택배를 보낸다. 내용물이 다를 때는 상자에 받는 사람의 이름을 적고 거기에 맞게 택배운송장을 붙여야 하는데 남편이 잘못

붙이는 실수를 했다. 내가 이번에도 또 그랬다고 하니 건망증 때문인 거 같다고 했다. 또 카드값이 많이 나와서 카드사에 전화해 보니 비행깃값이 결제된 걸 깜빡했다고….

나의 만 65세 생일 때였다. 생일 아침엔 남편이 뭐 먹고 싶은 게 있냐고 물었다. 그런 기회가 드문지라 양장피가 먹고 싶다고 하여 중국집에 갔다. 종업원이 갖다준 겨자소스를 보고는 그걸 왠지 많이 넣어야 할 것 같은 생각에 듬뿍 넣어버렸다. 어찌나 매운지 남편은 1박 2일에 나오는 겨자소스 벌칙을 받는 거 같다며 나더러 평소에 하지 않던 일을 하냐고 했다. 그렇다. 이처럼 요즘의 나는 평소에 하지 않던 행동을 하기도 하고 자신감이 떨어지기도 했다. 그러나 마음은 지금이 가장 편하다. 어른으로서 짊어져야 했던 마음의 짐을 내려놓았기에 홀가분하다.

'100세 철학자' 김형석(金亨錫, 1920년 생) 연세대 명예교수가 새 책 『김형석, 백년의 지혜』를 내놓고 기자간담회를 열고 말한 내용 중 하나다. 김 교수는 "인생에서 제일 좋은 나이가 60~75세인데 그때가 제일 행복했다"면서 "대학을 퇴직한 후 삶의 반경이 더 넓어졌다"고 말했다. 전적으로 동감한다. 전에 교회를 같이 다녔던 C씨는 내가 성가대 지휘자와 교사로 활동했던 그때가 제일 잘 나가던 시기가 아니었냐고 했다. 나는 그때보다 지금이 좋다고 했다. 그분은 의아해하며 동의하기 어렵다는 표정을 지었지만 사실이다. 체력은 하향곡선을 그리고 있지만 지금이 남은 인생의 가장 젊은 날이 아닌가. 거기에 지금 하는 일이 있고 가고 싶은 곳에 가고 하고 싶은 것도 할 수 있지 않은가. 나이가 들수록 하루하루가 소금처럼 소중하게 느껴진다. 내 인생에서 제일 좋은 나이는 지금이다.

내려놓기

무슨 일이든 시작이 있으면 끝이 있게 마련이다. 시작은 내 맘대로 해도 예상치 못한 시기에 끝낼 때가 오기도 한다. 2019년부터 발생한 COVID-19는 발생 전과 후로 나뉠 만큼 우리 생활 전반에 많은 변화를 가져왔다. 우리나라는 2020년부터 2~3년간 일상적인 삶을 유지할 수 없었다. COVID-19는 사람들 개인에게도 정서적으로, 정신적으로, 경제적으로, 신체적으로 변화를 가져왔겠지만 나에게도 변화를 가져왔다.

그중 나에게 닥친 첫 번째 사건은 2020년 2월 23일 주일이었다. 그날도 우리 부부는 찬양대원으로서 찬양대석에서 찬양을 했다. 그동안 만 10년 이상 찬양대원을 해왔기에 그날 저녁 찬양국헌신예배 시, 10년 근속상을 탈 예정이었지만 얄궂게도 그날 저녁 예배부터 COVID-19로 인해 교회에서 예배를 드릴 수 없었다. 그날이 찬양대원으로서의 마지막이었다는 걸 한참 후에 알게 되었다. 그 후에 COVID-19 기간에도 간간이 교회에 갈 수 있었지만 나는 건강상의 이유로 거의 가지 못했다. 내가 속한 찬양대는 정년이 만 70세까지다. 정년이 몇 년 남았지만 찬양대원의 역할을 제대로 하지 못하니 2021년도에 그만 내려놓기로 결단을 내렸다.

그뿐만 아니라 COVID-19가 예상보다 길어지자 수필 공부도 비슷한 상황이 되었다. 수필 수업은 2013년부터 매달 하재준 선생님의 강의를 들어왔었다. 아주 더울 때와 추울 때를 빼고는 열심히 나갔는데 2019년 12월 3일을 끝으로 더 이상 가지 못했다. 처음에는 2020년 봄에 수업을 다시 시작할 생각이었는데 COVID-19는 사람들을 만나지 못하게 했다. 이제나저제나 끝나기를 기다리다가 어느덧 두 해가 넘어갔다. 수필 공부를 통해서 몰랐던 것을 배우는 즐거움으로 힘든 줄 모르고 인천까지 7년을 다녔었다. 막상 COVID-19가 끝나자 이제는 체력이 달려서 다시 시작하지 못했다.

그 이전에도 인천 연수구 문화유산연구회원이자 연수구 문화유산 해설사로, 인천 연수구 '나눔터(연수구 소식지 같은 성격)' 기자단으로, 인천시립박물관 유물해설자원봉사자로, 제2기 바다해설사로 활동해왔고 모두 좋았지만 거리가 멀어서 COVID-19 이전에 내려놓았었다. 현재는 아가페문학회 회원으로, 옹진군 이엠(EM)연구회 회원으로, 옹진문화원 회원으로 활동하고 있다. 그리고 영흥면 문화관광해설사로 10년째 옹진군과 영흥면을 알리는 일을 하고 있다. 언젠가 또 내려놓아야 할 때가 오겠지만 지금은 지금 하는 일에 충실하고 싶다.

버릴수록 얻는 이득

사람마다 잘하는 것이 있고 그렇지 않은 것이 있게 마련이다. 내가 잘하지 못하는 것 중 하나는 바로 집 안 정리와 청소다. 우리 집 넓은 창고에는 오래된 물건이 많다. 물건이 겹쳐 있다 보니 뭔가를 찾으려면 어디에 있는지 찾기가 어렵다. 그중에는 필요한 물건도 있지만, 언젠가 쓰려고 둔 것, 쓰지는 않지만 버리기 아까운 것, 버려야 하지만 버리기엔 성가셔서 둔 물건들이다. 최근 남편은 TV 모니터를 구입했다. 모니터 상자에다 새로 산 곶감 포장재까지 쌓아놓으니 창고는 물론 빈방에까지 넘쳐났다. 그러자 남편은 필요 없는 물건을 버리는 대신 나무 선반을 또 짜려는 눈치였다. 남편 눈에는 내가 필요 없다고 느끼는 물건을 언젠가 필요 있다고 느끼는 것 같았다.

그렇다면 이틀에 한 번 내가 출근하지 않는 날마다 조금씩 치워볼까 생각했다. 청소의 기준은 너무 힘들면 지속하기 어려우므로 하루에 한 가지 이상 치우겠다는 것, 30분을 넘기지 않겠다는 것, 기간은 1월부터 4월까지, 범위는 창고건물 내 오른쪽 컨테이너 3층짜리 나무 선반이 있는 곳이다. 첫날은 플라스틱 페트병 몇 개를 비우고 버렸다. 그 후에도 이틀에 한 번씩 했다. 어린이 행사한 비디오를 버려야 할지 말지 갈등했다. 10년이 넘었지만 내가 영어를 가르칠 때 사용하던 단어 코팅한 것도 보존 상태가 좋아서 언젠가 쓸 일이 있을 것으로 생각했는데 이것도 버렸고 교재, 플라스틱으로 만든 알파벳 글자도 모두 버렸다. 뿐만아니라 등단할 때 딸이 화분을 선물했다. 화분에 쓴 글씨(등단을 축하합니다. 엄마를 사랑하는 딸)가 소중해서 그대로 두었는데 이것도 버렸다. 나에겐 보물일지 몰라도 남에겐 쓰레기일 뿐이지 않을까 하고 생각하며 버릴지 말지 갈등되는 것은 주로 버렸다. 버리면서도 추억을 남기고 싶어서 사진을 찍고 보내주었다. 그러는 중에 어느 날 TV를 시청하다가 '박근형·손숙의 웰다잉 <유퀴즈 온 더 블록(278회. 2025. 1. 29 방송)>'을 시청하게 됐다. 프로그램에서 사회자가 출연자 박근형 님과 손숙 님의 대화인데 공감이 가는 내용이라 적었다.

사회자_ 두 분이 마음속에 새기고 있는, 아니면 평소에 생각하는 문구라든가, 지금까지 '인생의 지침으로 삼는다' 하는 이야기가 있으실까요?

박근형_ 연극 속에서 한 대사를 제가 하자면

"우습지 않아? 기차여행, 고속도로 여행, 그 수많은 약속…. 오랜 시간 동안 그것들을 다 거쳐서 결국은 죽는 게 사는 것보다 더 가치 있는 인생이 됐으니 말이야." 하는 얘기가 있어요. 그게 저도 세상과 이별할 때 그런 생각을 하겠지만 살면서 수많은 일들을 했는데 값어치가 있는지 아닌지 우린 알지 못하죠. 억지로라도 (의미를) 만들려니까 자기가 하는 일에서 뭔가 남기고 싶고 그런 거 아닌지. 지금도 그 대사가 저한텐 와닿는 거 같습니다.

사회자_ 선생님께서 미리 사진 앨범을 다 정리하셨다고요?

박근형_ 예. 제가 하는 일이 옳은지, 잘되고 정도를 가고 있는지 모르잖아요? 그런 많은 앨범 같은 것, 연극 공연했던 것 영화했던 것, 이런 사진들이 가족들한테 남겨주기엔 상당히 부담이 될 것 같아요. 그리고 유지할 수가 없죠. 7~8권 되는 거를. 아들들이 평생 그걸 가지고 있을 수 있겠습니까? 그러니까 이런 부담을 주지 말아야 하고 우리가 좀 홀가분하게 가야 되니까 전부 소각하거나 절단해서 버리죠.

사회자_ 아이구, 지금 모두 정리하고 계세요?

박근형_ 아니, 다 했어요.(옆에 있는 손숙님도 "저도 했어요.") 나머지 기록사진 같은 건 신문사에나 이런데 기록이 조금씩 있을 거 아녜요?

사회자_ 그래도…

박근형_ 세대는 자꾸 돌아가는 거니까 내 기록을 남기자고 고집할 이유는 없어요. 그냥 다 소멸하고 없애는 게 좋을 거 같아요. 처음에는 연극 대본과 추억이 되는 사진들을 보면서 상당히 고민했어요. 자료로 남을 수 있는데, 놓고 가면 쓰임새가 있을텐데… 하다가 '정리를 하자.' 그러고 난 다음에 다 잘라내기 시작했죠. 용감하게 다 잘라 없애버렸죠. 아깝죠! 홀가분하기보다는 좀 아깝죠. 아무리 본인이 좋은 거래도 아무리 나한테 귀하고 좋아도 너 이거 간직해달라고 할 수 없고 그게 이루어질 수는 없다. 자식들이 챙기기도 어렵고. 그러니까 내 대는 내가 정리하고 가는 것이 낫고.

손 숙_ 그거 남겨서 뭐해요?

사회자_ 선생님도 정리하셨어요?

손 숙_ 나는 정리 다 했어요. 사람이 죽고 나면 유품 정리하는 게 쉬운 일이 아닌 것 같더라고요. 가능하면 아이들한테 그런 부담을 안 주고 싶었고 저의 스승이신 이해랑 선생님이 "연극배우는 무대에서 불꽃같이 다 태워라. 그 이후에는 아무것도 갖지 말라." 이런 얘기를 해 주셨어요. 난 그 말이 참 맞는 거 같아요. 그래서 난 남기고 싶지 않아. 뭐든지. 남겨서 뭐해요.

사회자_ 아, 그래도 참…. 두 분은 평소에 이런 얘기도 가끔 하세요?

손 숙_ 그럼요. 우리 나이가 몇인데 내일 갈지 모레 갈지 모르잖아요. 진짜 그냥 눈 감고 안 일어나면 가는 거라고. 80 넘으면 산에 누운 사람이나 안방에 누운 사람이나 똑같대. 하하하!

사회자_ 이런 이야길 웃으면서 하시니까…

손 숙_ 그럼! 웃으면서 하지. 여태까지 살아있는 것도 감사한데. 그래서 요즘 '웰다잉'이라든가 그런 거에 관심이 많아요, 사실. 어느 성당에 납골당을 새로 만들었는데 굉장히 깨끗하더래요. 그럼 가보자 하고 딸하고 갔는데 마음에 들었어요! 그래서 "우리 이거 하나 하자."하고 분양받았거든요. 어떤 때 시간 나거나 하면 거기 한번 가봐요. "우리 집 잘 있나." 거기 관리인한테 가끔 "늦게 와서 죄송해요." 그러면 "천천히 오세요~" 그래요.

아직 앨범까지 정리하고 싶지는 않지만, 두 분 인생 선배님의 프로그램을 보고서 버릴 때 좀 더 과감해진다. 내가 내 물건을 치우지 않으면 언젠가 딸이나 남에 의해 치워져야 하니까. 나는 오늘도 버려야 할 게 있는가 살펴본다. 그리고 미얀마 여행 갔을 때 사 온 미얀마 전통 바구니 속에 있는 물건을 비웠다. 마트에 갈 때마다 그 바구니 2개를 가지고 다니니 물건을 사고서 빈 상자에 넣지 않아도 되니 쓰레기가 덜 쌓이고 간단해서 좋다. 우리가 쇼핑할 때 그 바구니를 가지고 다니자 어떤 사람이 좋은 거 가지고 다닌다고 했다. 청소의 기본은 애초에 쓰레기를 만들지 않는 거라는 걸 깨달았다.

청소하며 보니 필요 없는 종이상자와 스티로폼 상자가 자리를 제일 많이 차지했다. 플라스틱 용기는 물론 플라스틱 그릇도 얼마나 많은지…. 입지 않는 한복은 다문화 가정에서 입을 수 있게 단체에 기증했다. 필요 없는 일회용 그릇과 옷도 필요한 사람이 쓰도록 주었다. 옛날 유리컵, 새우젓 독, 쌀독 등은 잘 보관해서 영흥도에 박물관이 생기고 그것들이 필요하다면 기증하고 싶다. 나 스스로 다짐한 4개월 동안 내가 청소하려고 한 만큼은 정리를 끝냈다. 버리고 비울수록 마음도 가벼워짐을 느꼈다. 앞으로도 내 주변을 정리하고 비워나가는 일을 계속할 생각이다.

2부

글로 보는 세상

안경을 쓰고 보는 새로운 세상

시력이 좋던 사람도 세월이 지나면 시력이 나빠져서 돋보기를 쓰기 마련이다. 나도 40대 초 이전에는 시력에 문제가 없었다. 40대 초가 되자 가까운 데가 보이지 않아서 돋보기를 쓰기 시작했다. 그 돋보기로도 잘 보이지 않으면 도수가 더 센 걸로 맞추어 쓰곤 했었다. 그러다가 몇 년 전부터는 돋보기안경을 쓰고 책을 읽거나 가까운 데를 보는 용도 말고도 평상시에 계속 쓰게 되었다. TV를 보거나 음식을 만들 때도 몇 시간씩 돋보기안경을 쓴 채로 있으니까 너무 피곤했다. 처음에는 글씨가 잘 보였던 돋보기안경이었는데 막상 책을 보는데도 잘 보이지 않았다. 너무 답답하고 힘들게 지내면서도 언젠가 다시 맞추러 가야겠다는 생각만 하고 있었다.

지난여름이었다. 파마하러 간 김에 미장원 근처의 안경점을 찾아갔다. 이번에 돋보기를 새로 맞추고 선글라스도 오래돼서 새로 구입하려고 마음먹었다. 안경사는 시력검사를 하면서 이렇게 시력이 나쁜데도 안경을 안 쓰시고 어떻게 지냈느냐며 평소에 쓸 안경도 필요하다고 했다. 그러고는 무슨 안경을 하나 씌워주면서 밖을 보라고 하더니 얼마나 잘 보이냐며 이제 새로운 세상이 열릴 거라고 했다. 뭔지는 몰라도 안경사가 씌워준 안경으로 보니 주변이 얼마나 선명한지 깜짝 놀랄 정도였다.

하도 글씨가 잘 보이지 않아서 작년 버킷리스트 중 하나가 돋보기를 새로 맞추는 것이었다. 돋보기를 계속 쓰고 다니면서도 그것도 잘 보이지 않으니 새로 하겠다는 생각만 했지 평소에 안경을 쓰고 생활해야 할 정도인 줄은 미처 몰랐다. 치아에 대해서는 내 치아가 좋지 않다는 걸 알고 있어서 치과에 다니며 관리하고, 1달에 한 번은 새 칫솔로 교환하고 있다.

얼마 후에 돋보기안경, 선글라스, 안경이 도착했다. 새 돋보기안경을 썼더니 책의 글씨가 훨씬 잘 보인다. 선글라스는 그간 도수가 없고 햇빛만 가리는 용도였는데 이번에 도수를 넣었더니 문자를 확인 할 수 있고 멀리도 잘 보인다. 이번에 맞춘 안경을 평소 생활할 때 써보니 음식을 만들 때는 물론 돋보기를 썼을 때보다 훨씬 덜 피곤하다. 전에는 TV도 돋보기를 쓰고 앞으로 바짝 앉아서 봐야 했는데 새 안경을 쓰고 TV를 보니 맨눈으로 볼 때보다 훨씬 선명하게 보인다. 새 안경을 쓰니 안경사 말대로 정말 새로운 세상이 열린 듯하다.

평생학습강사학교를 수료하고

오래전에 연수구청이 주관한 '평생학습강사학교' 과정을 수료했다. 10년도 더 된 일이다. 총 10회 강좌를 모두 끝마친 사람들에게는 연수구민을 대상으로 강사 활동을 할 수 있도록 연결해주기도 한다고 했다. 현재 강사로 활동하거나 앞으로 희망하는 사람이 수강생의 대부분이라서 강사학교의 분위기는 적극적이었다. 강사진은 구체적으로 우리가 실제 현장에 나가 가르칠 교수법에 초점을 맞춰 강의해왔다. 배우고 나서 배운 것을 바로 실습하는 시간을 갖는다. 마지막 9~10회의 시간에는 수강생이 학생들 앞에서 강의를 실습하는 시간이었다.

나는 나이 들어 시작한 공부의 과정을 발표했다. 1주 동안은 강의 시간에 발표할 원고 준비로 시간을 보냈는데 그것이 부담돼서인지 피곤했다. 그러나 막상 발표를 마치고 나니, 느낀 점이 많았다. 글로 쓰는 것과 사람들 앞에 나가서 말로 할 때의 차이점이 확연히 다름을 깨달았다. 누군가 나가서 발표하는 동안 그를 듣는 자들은 발표자의 장단점과 보충하면 좋을 내용을 적어서 발표자에게 전달했다. 나에게 써준 글을 읽어보니 거의 좋은 내용이라서 퍽 기분이 좋았고 자신감도 생겨났다. 글을 써준 그들이 친절함이 고맙게 느껴지면서 나도 다른 사람들처럼 단점보다는 장점을 크게 부각시켜

의욕을 북돋아 주어야겠다고 다짐했다.

아래의 글은 이번에 발표한 내용을 정리한 것이다.

평생학습의 즐거움

일찍이 고등학교를 졸업했다. 그동안 생활하기에 너무 급급 하다 보니 약 25년간 공부를 할 기회를 갖지 못하고 지내왔다. 40대 후반이 되었을 때는 몇 년째 의류 수선 일을 하고 있었다. 고작 현상 유지에 급급할 뿐 돈이 벌리는 것도, 재미가 있는 것도, 보람이 있는 것도 더구나 장래성이 있는 것도 아니었다. 따라서 행복하지도 않았다. 그러기에 이 일을 하기엔 내 자신이 아깝다는 생각이 들었다. 이 세상 어딘가에 이 일보다는 잘할 수 있는 일이 있지 않을까? 이 일보다는 즐겁게 할 수 있는 일이 있지 않을까? 보통의 주부가 그러하듯 나보다는 가족을 우선시하느라 정작 나 자신의 마음을 살필 여유가 없었던 것이다. 뭔가 허전한 마음, 알맹이가 빠진 것 같은 만족스럽지 못한 상태였다. 어쩌면 시간을 낭비하고 있는 듯해서 뭔가 변화가 필요했다.

 나는 깊이 생각했다. 인생의 의의와 가치와 보람에 대해서 깊이 생각해 보았다. 중년은 준비하지 못해서 초라하지만 노년은 그렇지 않았으면 좋겠다고 생각했다. 나는 결단을 내렸다. 그간 3년간 해왔던 영어 공부를 계속하고 또 미래를 준비해보자는 마음을 먹고 감히 방송대학 영문과에 원서를 넣었다. 출석수업과 특강, 스터디에 빠짐없이 참석했다. 그러다 보니 어느새, 많이 배운 사람들, 좋은 환경을 가진 사람들에 대해 잠재했던 열등감 같은 것에서 자유로울 수 있었다. 전에 했던 것에 비하면 공부가 훨씬 쉽고 재미있다는 것을 느꼈다. 아니 체험했다는 표현이 더 맞지 않을까? 4년간 무척 힘들기는 했으나 노력하면 된다는 것을 알았다.

대학 4학년 무렵이었다. 조금만 걸어도 숨이 차고 불편했지만 정기적으로 병원을 다녔기에 대수롭게 여기지 않았다. 어느 날 무거운 것을 옮기느라 무척 힘들었는데 다음날 발등이 퉁퉁 부어있었다. 병원에 가니 복수가 찼다며 이뇨제를 처방해 주었다. 얼마 되지 않아, 주치의는 간이식을 해야 하니 기증자를 구해오라고 하셨다. 한국에서는 기증자를 찾을 수 없고 계속 미루다가 수술 시기를 놓칠 수도 있는 상황이었다. 병원을 직접 찾아가 봐야겠다는 생각으로 2006년 8월에 출국했다. 북경에 간 지 이십일 만에 수술을 받을 수 있었다. 수술 후, 고열로 삼 일간 거의 잠을 자지 못하는 극심한 고통을 겪기도 했다. 그러나 좋은 간을 받았고, 병원 시설이 좋고, 의사도 훌륭하여 경과가 좋았다. 건강할 때는 당연시했던 일상들이 당연한 게 아니라 특별한 것이고, 감사해야 할 일임을 절실히 느꼈다.

병원에 입원한 지 25일 만에 퇴원과 동시에 비행기에 올라 한국에 돌아왔다. 집에서는 감염을 우려하여 식구들이 정성 들여 만든 음식만 먹고, 외출도 삼가야 했다. 혹시 사람을 만나게 되면 마스크를 쓴 채로 잠시 대화를 나눌 정도였다. 6개월 후에 처음으로 외식할 때 얼마나 기뻤는지 모른다. 먹는 음식마다 세상에서 처음 맛보는 것처럼 맛이 있었다. 아직 회복이 덜 됐지만 의사의 허락을 받아 수술 후 6개월 만에 집에서 학생을 가르치기 시작했다. 건강을 되찾게 되자, 이대로 안주 할 것인가 아니면 새로운 일을 시도해 볼 것인가로 마음의 갈등이 생기기 시작했다.

다음 해에 대학원에 진학했다. 대학 생활은 그저 열심히 하면 되었지만 대학원은 내 힘과 노력으로 할 수 없는 것을 요구할 때가 많았다. 강의를 듣기만 하는 대학수업과 달리 대학원 수업은 발표 중심이라서 수업 준비에 많은 시간이 들었다. 열심히 했지만 늘 힘에 벅찼다. 힘든 과정이었지만 영흥도에서 인천의 학교를 오가는데 걸리는 네다섯 시간이 지루한 줄 몰랐다. 대학원 졸업 후, 초등학교와 주민센터에서 영어 강사로서 활동했다. 공부할 수 있다는 것 만해도 감사해서 열심히 공부했고 또 주변 사람들도 그랬다. 그러나 공부에 흥미를 느끼지 못하는 대다수 학생을 보며 가르치는 일이 쉽지 않다는 것을 절감했다. 내가 아팠던 것보다 남편이 아픈 것이, 내가 공부하는 것보다는 학생을 가르치는 일이 몇 갑절이나 더 힘든 일임을 깨닫는 기회가 됐다.

지금은 '바다해설사'와 인천시립박물관에서 '유물해설 자원봉사자'로 활동하고 있다. 이 밖에도 작년 가을, 연수구청에서 '문화유산 자원활동가', '숲 해설 자원활동가' 과정을 수료했다. 여성의 광장에서는 '파워포인트'를 비롯한 컴퓨터 관련 과목을 1년간 배웠다. 평소에 컴퓨터 사용에 불편함을 거의 느끼지 못했지만 배우다 보니, 몰라서 불편함조차 느끼지 못했다는 것을 알기도 했다. 다음 주부터는 '생태환경학습 자원활동가 과정'과 '연수구 지역마을 신문기자단 양성 과정'을 수강할 예정이다.

누군가 나에게 "공부를 왜 하느냐"고 묻는다면 "살아있으니까 공부한다."고 답할 것이다. 젊은 시절에 배우지 못한 것을 벌충이라도 하듯 이렇게 배우는 데 열심을 내고 있는지도 모른다. 배울 수 있는 시간과 건강이 허락되니 지금이 적절한 기회라고 생각한다. 또한 다양한 경험이 글의 재료가 되는 것도 큰 수확이다. 이런 글감을 가지고 많은 이들에게 희망과 공감을 줄 수 있는, 수필가로서도 기어이 완성도 높은 좋은 수필을 써보고 싶다. 늦은 나이에 대학에 입학했을 때 4년간은 공부할 거리가 있어서 마음 든든했던 것처럼 다음 주에도 이곳에 올 생각을 하니 벌써부터 기대가 된다.

하재준 선생님과의 수필 공부

▶ 수필 공부하는 모습

2010년에 수필로 등단했다. 다음 해에 한국문인협회에 가입하고 2012년에 수필집 『길 위에서 만난 사람들』을 펴냈다. 등단하고 수필집을 발간할 때까지 나는 누구에게도 글을 쓰는 방법이나 수필 쓰는 법을 배우지 못했다. 그런 상태로 수필집을 내고 나니 지금이라도 글쓰기를 배웠으면 하는 마음을 가지고 있었다. 그러던 어느 날 인천수필가협회에서 온 전화를 받았다. 모임이 있다며 참석을 권

했다. 그 모임에 가서 수필을 배울 수 있으면 좋겠다고 말씀드렸더니 그때 명예회장 이숙 시인께서 소개할 만한 좋은 선생님이 있다고 하셨다. 그때 소개받은 분이 하재준 선생님이다. 선생님은 당시 74세셨는데 몇 년 전에 병을 앓고 쉬시다가 이번에 수필 강사로 활동을 시작하셨다. 하 선생님은 한국수필문학가협회 이사로 대학에서 강사를 역임하시고 고등학교 작문교과서에 작품수록 필자이기도 하신 실력 있는 선생님이셨다.

김진영 인천 수필가협회 회장님의 주선으로 이토타워에서 수필 공부를 시작했는데 2013년 1월 14일이 첫 번째 수필 수업이었다. 이때 참가한 사람은 강사 하재준 선생님, 그레이스, 김영옥 권사님과 나 그렇게 네 명이었다. 2013년에는 한 달에 두 번, 2시간을 기준으로 하여 총 21회 수업을 했으며 많을 때는 7명이 그리고 적을 때는 3명이 모였다. 연말에 인천수필가협회에서 『인천수필』 제2호를 발간하였다. 2014년부터는 한 달에 한 번 하기로 하고 2019년까지 계속하였다. 2019년 5월부터 교회교육관에서 하 선생님의 시 강의 제자들(영글문학회 회원)과 함께 12월까지 수업했다. 2020년에도 계속하려고 했는데 COVID-19로 모일 수 없었다. 나는 이 수필 공부가 더 오래도록 진행될 것으로 생각했고 또 기대도 했다. 하지만 이렇게 갑작스럽게 끝나리라고는 생각하지 못했다. 그건 선생님께 수필을 배우는 다른 사람들도 마찬가지였으리라고 생각한다.

몇 년 후 COVID-19가 끝나서 자유롭게 만날 수 있게 되었지만 수필을 배우기 위해 5시간을 인천으로 오가기에는 체력이 달렸다.

그전까지는 인천으로 다니는 게 힘들게 느껴지거나 부담스럽게 느낀 적은 없었다. 언제 어디서 누구와 수필 수업을 하든 내 마음은 늘 즐거웠고 수필을 배우는 시간은 유익했다. 수필 수업을 통해서 선생님께 문학이란 무엇인가, 수필의 기원, 수필과 시 쓰기 등에 대해서 배웠다. 그리고 다른 사람의 수필이나 우리가 쓴 수필로 합평(合評)을 하기도 했다. 선생님의 수업은 내 기대 이상이었고 늘 반갑게 우리를 맞아주셨다.

수업 장소는 수필 수업을 하는 회원 집에서 하기도 하고 2019년에는 교회에서 하기도 했다. 수업 후에는 함께 식사했다. 수업에 참가하는 사람들은 바뀌기도 했지만 주요 멤버는 그레이스(정영화), 계영연 권사님, 김석태 씨 등이다. 그레이스는 2002년 방송통신대학에 입학할 때 처음 만나서 함께 스터디했었다. 그 후에도 2013년 인천광역시립박물관 자원봉사자 교육을 함께 받고 나는 유물해설 자원봉사자로 활동했었고 그녀는 체험 분야 자원봉사자로 활동하고 있다. 그리고 2013년 제4회 인천 실내&무도 아시아경기대회와 2014 인천아시안게임에서 각각 자원봉사를 했다. 김석태 씨는 연수구에서 기자단 활동으로 알게 되었고 계영연 권사님은 교회에서 함께 찬양대를 했었다.

요즘 비록 하 선생님을 수업에서 뵙지는 못하지만 연락은 하고 지낸다. 지금도 하 선생님께 배운 덕분에 많은 도움이 되었다고 생각하며 늘 감사한 마음을 가지고 있다. 몇 년 전에는 선생님께서 자신의 평론집에 내려고 하니 작품 한 편을 내라고 하셔서 『월간문학』

2020년 10월호에 실린 「작은도전—미국 여행기」를 보내드렸다. 그 후 선생님의 평론집 『문학평론의 기본의식을 통해 본 의미통찰』(교음사, 2023)이 내게 도착했다. 그 내용 중에는 「곽인화 수필가의 미국 여행기를 통해 본 정신세계」란 평론이 실려 있었다. 좋은 평론을 써주신 선생님께 감사드린다.

▶ 하재준 선생님과 함께

옹진문화원과 함께 한 8년

옹진문화원은 2024년 11월 29일 하버파크호텔 대연회장에서 오후 4시부터 제1회 옹진문화예술인의 밤 행사를 열었다. 식전 행사로 옹진문화원의 성과를 보여주는 영상을 시작으로 풍물, 밴드동아리 등 축하공연으로 시작하여 본행사는 오후 5시 20분에 개회식을 시작하여 5시 40분에 태동철 원장님의 축시를 임경남 작가가 낭독, 옹진군에서 활동하는 관현악, 전통악기, 밴드, 무용 부문과 특별공연팀으로 나누어서 시상하고 수상팀 축하공연을 했다. 오후 6시 30분경부터 오후 8시까지 만찬 및 소통의 시간을 가졌다. 이번 행사에는 전문사회자와 진행요원이 진행해서 더 매끄럽게 행사 진행이 된 것 같다. 이외에도 1층 로비와 2층에서 옹진문화학교 수강생들의 작품을 전시하였고 또 캘리그래피를 체험할 수 있는 부스로 마련되어 있었다. 이 행사가 성공적으로 마치는 걸 보며 옹진문화원 회원의 한 사람으로서 마음이 뿌듯했다. 이 행사를 위해 수고하신 모든 이들에게 마음으로 감사를 드린다.

나는 옹진문화원 창립 때부터 함께했다. 2016년에 창립회원을 모집할 때 지원했고 2017년 옹진문화원 창립총회에서 태동철 원장을 추대하였으며 2018년 2월 정기총회 및 개원식을 개최했다. 《옹진문화》 창간호에 내 글 「영흥도의 풍광과 그 매력(수필)」, 「백령도

문화유적 탐방을 마치고(기행문)」이 실렸다. 그 후 해마다 《옹진문화》지에 내 글을 게재하고 있다. 그리고 양서 보급 사업으로 일 년에 두 차례 좋은 책을 집으로 보내주시는 것도 좋다.

매년 봄, 가을에 1박 2일로 문화탐방을 개최하는 데 대부분 참가했다. 봄, 가을로 백령도, 연평도, 강화도, 덕적도, 장봉도를 다녀왔고 영주, 강릉에도 다녀왔다. 그 밖에도 영흥면에서 다도·다례교육, 토탈공예, 마크라메 보석공예 등의 교육에 참가하여 새로운 것을 접할 기회를 얻었다. 작년 하반기에는 옹진문화학교에 다녔다. 영흥도에서 인천까지 다니는 과정이 쉽지는 않았으나 많은 것을 배우고, 즐기는 과정이라서 유익했다. 파주로 졸업여행도 다녀왔는데 그 여행을 통해서 옹진군에 속한 다른 섬에 사는 분들과도 교제할 수 있는 좋은 기회였다. 어떤 분은 옹진문화원에서 하는 프로그램을 접하시고는 이런 교육도 하는지 몰랐다며 좋아하셨다. 이런 교육을 통해서 자연스레 문화원을 알리는 기회가 된다.

옹진군에 여러 기관과 단체가 있지만 그중에서도 나는 옹진문화원 회원에 가입하길 잘했다고 생각한다. 나는 기회가 되면 주위 사람들에게 옹진문화원 회원이 될 것을 권유하곤 한다. 2018년 창립 때 임·회원이 모두 94명이었다. 2025년 제8차 정기총회 시 307명으로 3배 이상 회원이 불어났다. 이는 태동철 원장님과 윤삼용 사무국장님을 비롯한 문화원 직원들과 문화원 임원 및 회원들의 노력의 결과라고 생각한다. 앞으로도 옹진문화원의 번영을 소망한다.

사소한 숙제 해결하기

모든 일에는 우선순위가 있다. 중요하고도 시급한 일이거나 중요하지는 않지만 시급한 일은 바로 해야 하겠지만 내게는 시급하지도 중요하지도 않지만 언젠가는 해야 할 일이라고 느낀 일이 있었다. 어느 지역이나 대부분 그렇겠지만 내가 사는 영흥도에도 일반 안테나로는 TV 화면이 제대로 나오지 않는다.

TV와 인터넷과 집 전화를 결합하여 쓰는지 10년도 넘은 것 같다. 처음에 결합한 요금제가 몇 만원이 넘는다고 했을 때 남편에게 비싼 것 아니냐고 하니 남편은 우리가 사는 곳은 통신사가 하나라서 선택의 여지가 없다고 했었다. 그 이후에 몇 년이 지나면 인터넷 연결이 끊겨서 전화하면 기기를 새로 갈아주곤 했다. 사실 TV 시청과 인터넷은 꼭 필요하지만 각자 휴대전화를 쓰고 있기에 집 전화는 쓰지 않은 지 오래다. 전화기는 고치면 바로 고장 나고 어쩌다 오는 전화는 여론조사거나 우리와 관계없는 전화였다. 전화기가 고장 나면 신고해서 다시 연결해 주는데 며칠 되지 않아서 또다시 먹통이 되곤 했다.

그러다 보니 아무런 의미 없는 집 전화를 해지하고 요금제도 더 싼 게 있으면 바꾸면 좋겠다고 오래전부터 생각해 왔다. 남편에게는 해지하자고 여러 번 얘기했는데 그럴 때마다 그냥 두자고만 했다. 그러고 있는 참인데 자동차세 고지서가 나왔다. 자동차는 내 이름으로 되어있다. 남편에게 집 전화를 해지하고 요금제를 바꿀 수 있는지 알아보자고 다시 말하고 이번에도 내 말에 따르지 않으면, 그동안 내왔던 자동차세를 내지 않겠다고 말해야지! 그걸로나마 소심한 복수를 하리라고 마음속으로 다짐했다. 남편에게 말을 꺼내자 마치 내 마음을 들여다보기라도 한 듯 단번에 그러자고 하는 게 아닌가. 직접 가지 않고도 집 전화를 해지하는 방법이 있었지만 인천의 한 KT플라자에 직접 찾아갔다.

    결과적으로 요금은 아주 조금만 줄어든다고 했다. 나는 다른 통신사를 사용하고 있기에 지금도 몇 만원이 넘는 요금이고 더 싼 거는 없다고 했다. 경제적인 이익은 거의 없었지만 쓰지 않는 전화요금을 부담하지 않아도 되는 게 좋고, 쓰지 않는 전화기를 치우니 공간도 생겼다. 이번 일은 중요하지도 시급하지도 않지만 언젠가는 해야 할 일이라고 느꼈기에 오랜 숙제를 마친 듯 마음이 홀가분하다.

40년도 더 된 이야기

이리시에서 살던 때

어머니는 내가 인천 송림동에서 태어났다고 하셨다. 인천에서 춘천을 거쳐 국민학교 입학 전에 이리시(익산시)로 이사했다. 이사한 날이었다. 작은집 식구들과 여럿이 둘러앉아서 밥을 먹었던 장면부터 기억이 난다. 우리는 한 울타리 안에서 여러 세대가 옹기종기 사는 집에 살았다. 거기서 동생 둘이 태어난 것으로 생각한다. 이리시에서 살았던 7년간, 나는 모든 것이 좋았고 그저 아름다웠던 추억만 있다.

학교가 끝나면 교회 근처에 그네를 맨 집이 있는데 거기서 그네를 타던 생각이 난다. 늘 순서를 기다리곤 했는데 어쩌다 기다리는 사람이 없으면 혼자서 그네를 독차지한 것 같아서 신났었다. 그때는 한국전쟁이 끝난 지 오래지 않아서 살기 어려울 때였다. 국민학교에 입학하기 전 교회에서 옥수수죽 배급을 했는데 그 죽이 왜 그리 먹고 싶은지 나도 줄을 섰다. 배급하시는 장로님께서 너는 누구야 해서 곽 장로님 딸인데요! 하고 받아왔던 일이 있다. 교회 마당에서는 우유를 쪄서 배급하기도 했다. 1963년에 이리삼광성결교회에서 아버지가 장로 장립을 받던 날이 생각난다. 그때 할머니, 큰아버지 내외, 작은아버지 내외가 오셔서 찍은 단체 사진이 남아있다.

주일학교(교회학교)에는 젊고 예쁜 여선생님이 계셨다. 그분은 조흥은행에 근무하셨는데 우리가 설날에 세배하러 가면 빳빳한 새 지폐를 세뱃돈으로 주셨었다. 배산으로 야외예배도 갔었다. 우리 가족이 함께 놀러 가기도 했는데 삼례해수욕장에서 튜브 타고 놀던 사진이 있다. 언젠가 만경강가에 갔는데 누렇게 익은 벼 사이에서 메뚜기를 잡았던 기억이 난다. 나 어릴 적에는 메뚜기가 흔해서 시장에서도 볶은 메뚜기를 팔았었다.

아버지는 리라양장점을 하셨는데 정원과 온실이 있었고 큰 개도 있었다. 한번은 미싱사인 봉순 언니 집에 놀러 갔을 때다. 도시에서만 살아왔기에 아궁이서 불을 때서 밥을 하는 전형적인 시골집에서 포근함을 느꼈다. 온양으로 이사 올 때 양장점에서 일하던 언니들 몇이 와서 온양의 양장점에서도 같이 일했다.

이리중앙국민학교에 다니며 같은 학년인 성미와 친하게 지냈다. 성미는 우리 양장점에서 멀지 않은 곳에 있었고 학교에 다녀오면 친구네 집에 가서 공부하고 놀기도 했었다. 친구네는 조흥양화점을 하고 있었는데 우리가 공부하고 있으면 어떤 언니가 구두를 다듬는 칼로 연필을 깎아 주었었다. 온양으로 전학하기까지 한 번도 슬픔이라는 단어가 생각나지 않을 만큼 구김살 없던 시기였다. 4학년 때 온양으로 이사를 한 이후 6학년 때 친구 성미를 만나러 이리시에 한

번 갔었다. 그 후 고등학교 졸업 후 인천에서 다시 한번 만났다. 친구는 서울 여의도에 살고 있으며 대학에 다닌다고 했다.

지금은 세상에 없지만 4살 위인 승기오빠와도 잘 지냈다. 오빠는 남성중학교에 다녔는데 오빠와 친한 친구와도 같이 어울려 놀았다. 오빠의 친구가 살고 있던 곳은 이리역과 가까운 마차 조합이 있던 곳으로 기억한다. 선로에서 놀면서 갈탄 같은 걸 줍기도 했던 것 같다. 오빠가 고3 때 세상을 떠나고 몇 년 후에 오빠의 친구와 몇 년 후에 연락이 닿았다. 그 오빠와는 제대 후에 한 번 만났는데 서울에 있는 대학에 재학 중이었다.

2010년경 어머니와 동생과 함께 떠난 지 45년 만에 이리삼광성결교회를 찾아갔다. 가보니 삼광교회가 두 곳으로 나누어져 있었다. 우리는 모현동에 있는 이리 삼광교회와 익산 삼광교회를 모두 찾아갔었다. 아버지의 흔적을 확인하기도 하고 어머니와 가깝게 지내셨던 윤권사님도 극적으로 만났다. 익산 삼광교회는 위치가 이리역 근처고 기록에 아버지 이름이 정확하게 적혀있어서 우리가 다닌 곳이 그곳 같다. 전에 시무하시던 임 목사님과 목사님 딸이었던 은숙이도 생각이 났다. 교회에서 멀지 않은 곳에 우리 양장점이 있던 곳이라서 찾아봤다. 그 길에 들어서자 그 장소가 정확하게 기억나진 않았지만, 그 장소에 가본 것만으로도 의미가 있었다. 어릴 적에는 엄청 큰길로 생각했는데 내가 성인이 돼서 그런지 그렇지는 않았다.

온양으로 이사 와서

이리시에서 국민학교 4학년을 다니다 온양으로 전학했다. 전학하던 날도 학교에서 수업을 다 마치고서야 자동차를 타고 군산으로 출발했었다. 군산에서 배 타고 장항까지 갔다가 기차를 타고 온양역에 내렸기에 집에 도착할 때는 어두워져서 여기가 어딘지 아무것도 보이지 않았다. 다음날 바로 온천국민학교로 전학을 했기에 6년간 하루도 결석하지 않았다. 일찍이 국민학교 선생님이셨던 아버지는 학교 출석을 아주 중요하게 생각하셨던 것 같다.

국민학교에서 친구 세영이와 광희를 만났다. 전학한 반은 밴드부와 합창부를 지도하시는 선생님이 담임이셨다. 전학과 동시에 합창부와 밴드부에 자동 가입이 된 셈이다. 세영이는 나보다 나중에 밴드부에 들어왔는데 먼저 들어온 부원이 1대1로 피리를 가르치게 하셨는데 내가 세영이를 가르치게 됐고 후에 내가 다니던 성결교회에서 다시 만나 친해졌다. 광희는 집이 같은 방향이라서 친해지게 되었고 나중에 교회에 같이 다녔다.

국민학교에 다닐 때 학교에서 매일 옥수수빵을 번호순서대로 일부만 배급을 줬는데 나는 그 빵을 좋아했다. 점심시간이면 집이 가까운 학생들은 집에 다녀올 수 있었다. 학교에서 멀지 않은 곳에 양장점이 있어서 아버지가 계시는 그곳으로 가곤 했다. 아버지는 10원을 주셨는데 5원으로 한 개에 2원인 만두를 3개 먹고 나머지는 배급 빵을 사 먹거나 뭔가를 사 먹었던 것 같다. 온양에서 오래된 목욕탕인 신정관에 처음 갔을 때였다. 수증기로 앞이 뿌예서 아무것도 보이지 않고 옷장이 꽉 차서 바구니에 옷을 넣고 탕에 들어갔다. 탕 안에서는 아기 울음소리, 시끄러운 소리, 뜨거운 물로 인해서 몹시 당황해서 어서 나가고 싶다는 생각만 났던 것 같다. 그래서 지금도 목욕탕이나 뜨거운 것을 좋아하지 않게 됐는지도 모르겠다. 국민학교에서 목욕표를 할인해서 팔았었다.

집을 사기 어려운 형편이었는지 교회 울타리 안에 살게 됐는데 아버지는 흙벽돌을 직접 찍어서 방 3개짜리 살림집을 지으셨다. 오랜 후에 그 집이 헐리면서 다른 곳으로 이사했지만 그때는 집에 수도는커녕 집마다 펌프가 있는 것도 아니었다. 우리 집은 펌프가 없어서 아랫집으로 물을 길으러 가야 했다. 그리고 목욕탕에서 버리는 물이 나오는 곳에서 더운물로 빨래를 하거나 냇가에서 빨래를 해왔다. 막냇동생도 많이 업어줬다. 학교 갔다 오면 동생 업어주고, 펌프 물 길어오고, 시냇가에서 빨래하고, 집에서 어머니가 해주신 밥을 바구니에 넣어서 양장점으로 날랐다. 우리는 내 위에 오빠가 하나 있고 내 아래에는 남동생만 셋이 있었는데 내가 딸이어서 어머니의 일손을 도왔던 것 같다. 1969년 12월에 아버지와 함께 당시 고등학교에 다니던 오빠가 갑자기 사고로 세상을 떠나셨다. 어머니는 그 전까지는 집에서 살림만 하시고 사회생활이나 경제적 활동이 전혀 없으셨기에 그 후에 고생을 많이 하셨다. 중학교에서 인숙이와 문숙이를 만났다. 영화는 고등학교 졸업 후 친구의 친구로 만났다. 서울에서 고등학교를 다니고 있을 때도 어쩌다 온양에 오게 되면 광희와 함께 오랜 시간을 보냈다. 지금도 초등학교, 중학교 때 만난 친구들과 우정을 이어오고 있다.

▶ 온양성결교회 학생들

▶ 성인이 된 학생들

온양성결교회에서의 추억

처음 온양으로 이사를 왔을 때다. 아버지는 이리시에서도 성결교회에 다니셨기에 온양에서도 성결교회를 찾아가셨다. 온양성결교회에 가니 고 김신환 목사님이 시무하고 계셨다. 아버지는 1967년 12월 25일 온양성결교회에서 장로취임식을 하셨다. 그 목사님은 그 교회를 개척하셨는데 목회하시기가 너무 힘드신 차에 아버지가 나타나셨다고 하신 걸로 알고 있다. 그 목사님 둘째 아들인 김기복 선생님은 국민학교 선생님인데 주일학교의 선생님이기도 했다. 큰딸인 복희 언니, 한 살 위지만 우리랑 같이 중학교를 다닌 덕희랑도 친하게 지냈다. 김기복 선생님은 후에 목사님이 되셨는데 부산에서 목회하실 때 친구 문숙이랑 한번 찾아간 적이 있다. 복희 언니는 사모님이 되셨는데 남편 목사님이 몇 년 전에 은퇴하셨다.

▶ 온양성결교회 아버지 장로취임식

내가 온양교회를 다닐 때는 주로 초등학교와 중학교 시절이었다. 교회에 좋은 선생님이 많으셨고 학생들도 많았다. 이일재 선생님과 동생인 승재 선생님, 구본홍 선생님, 김영일 선생님, 김기복 선생님 등이 기억난다. 위의 선생님 중에서 김기복 선생님을 제외한 모든 선생님은 나중에 장로님이 되셨다. 김기복 선생님과 김영일 선생님은 절친이며 둘 다 학교 선생님이었는데 김영일 선생님은 오래전 고인이 되셨다.

이 선생님들 덕분에 여름이면 수련회를 해서 다녀오곤 했는데 지금까지도 아주 아름다운 추억으로 남아있다. 김기복 선생님이 근무하시는 학교에서 여름에 수련회를 하고 김영일 선생님이 근무하시는 삽시도에서도 수련회를 했었다. 가서 게임을 하고 밥도 해 먹고 즐거운 시간을 보냈다. 대천해수욕장에서 처음으로 해수욕도 했다. 모두 학교 교실에서 자는 데 우리 친구 몇 명은 모기를 핑계로 김영일 선생님 집에서 편히 자기도 했다. 그 선생님들 덕분에 평생 잊을 수 없는 교회 수련회를 경험했기에 늘 감사하고 있다.

▶ 학생부 수련회

▶ 학생부 수련회

고등학교 이후

　고등학교 입학시험을 보기 전날은 이일재 선생님 댁에서 묵었다. 시험 보기 전날, 온양에서 올라온 교회 선배와 여동생도 묵었고 같이 시험을 치렀다. 내가 다닐 학교는 언덕 꼭대기에 있었는데 선생님 집은 학교 후문에서 가까웠다. 고등학교에 입학하자 눈에 띄는 얼굴이 있었다. 바로 이리 시에서 국민학교에 다닐 때 주산을 함께 배웠던 동급생 둘이었다. 나는 한눈에 알아보고 반가워서 아는 체를 하며 내가 같은 학교에 다니던 누구라고 설명을 했으나 그들은 내게 관심을 가지지 않았다. 나는 사람의 얼굴과 이름을 잘 기억하는 편이었는데 그들은 그렇지 않았을 수도 있다. 그들은 주산 장학생으로 들어온 것 같았다.

　내가 다닌 고등학교는 중학교도 한 울타리 안에 있었다. 어느 날 온천국민학교에서 같은 학년이던 아이를 만났는데 그 애는 중학교 3학년이었다. 고등학교 전체에 온양여자중학교에서 온 사람은 나 하나뿐이었고 야간에도 한 명 있었다. 상업학교라서 주산, 부기, 타자 그리고 컴퓨터도 배웠다. 수업 시간이 재미있거나 학교생활이 즐겁지는 않았지만 오래전에 배운 걸 지금껏 잘 쓰고 있는 건 다행이다. 학교에 갈 때면 내가 탈 버스를 향해 우르르 뛰어가서 콩나물시루같이 빽빽한 버스에 몸을 실어야 했다.

　다행히 온양 친구 세영이네가 서울로 이사를 왔다. 각기 다른 학교로 진학했지만 가끔 종로 5가에 있는 세영이 집에 놀러 갔다. 거기서 세영이 어머니가 해주시는 밥도 먹고 이런저런 얘기 하면서 잠시나마 따뜻함을 느꼈던 시간이었다. 서울 답십리 큰집에서 고등학교에 다니고 있을 때다. 방학이면 서울역에서 온양까지 3시간 걸리는 완행기차를 타고 갔다. 큰아버지는 서울에서 사업을 하시다가 청주로 혼자 내려가서 다시 양장점을 차리셨고 이따금 서울로 오셨다. 나는 큰아버지에게 학비와 용돈을 타야 했는데 수학여행을 간다는 말씀을 드릴 수 없었다. 결국 고등학교 때 수학여행을 가지 못했다.

고등학교를 졸업하기 몇 달 전에 충무로에 있는 석유회사에 경리로 취업했다. 나보다 한 살 많은 고등학교 선배 언니는 일을 야무지게 잘했고 후배인 나에게 참 잘 대해줬다. 큰아버지네 식구들이 다시 청주로 내려가시는 바람에 흑석동 작은집에서 몇 달간 살았다. 나보다 한 살 적은 사촌 동생 선희와는 지금도 친하게 지내고 있다.

큰동생이 군대에 갈 때는 온양온천초등학교 운동장에 집합했었다. 어머니랑 같이 그곳까지 따라갔었는데 그때는 무척 암담한 생각이 들었었다. 그 후 훈련받고서 배정된 진해에 면회하러 갔었다. 어머니와 완행열차를 타고 가는데 사람은 많고 앉을 자리도 없고 한없이 간 것 같다. 군대 간 후 처음 간 면회라서 음식도 준비했었다. 그 후 동생이 인천 부평 공수부대에 배치되었을 때도 혼자 면회하러 갔었다. 다른 동생들은 언제 군대에 갔는지 생각이 나지 않는 걸 보니 아버지가 안 계시고 장남이 처음 가는 것이다 보니 신경을 많이 썼던 것 같다. 어느덧 둘째 동생과 막냇동생도 직장에서 은퇴했다. 얼마 전 이야기 같은데 언제 세월이 이렇게 빨리 흘렀는지… 벌써 40년 전 아니 50년 전 이야기가 돼버렸다.

▶ 성우회 첫 번째 모임

사람의 일생

10대에는 본인의 기념일·입학식·졸업식에서 사람들을 만났다
20대에는 본인의 결혼식 때 사람들을 만났다
30대에는 본인 자녀들의 돌잔치에서 사람들을 만났다
40대에는 살기에 바빠 거의 만나지 못했다
50대에는 본인 자녀들의 결혼식에서 사람들을 만났다
60대에는 본인 부모님의 장례식에서 사람들을 만났다
70대에는 남에게 부고(訃告)가 와야 사람들을 만난다

밥 잘 사주시는 김정애 님

　20여 년 전이다. 중국에서 간이식 수술 후에도 전에 다니던 서울의 병원에 다녔다. 병원에서는 (주사실에 사람이 많아서) 헤파빅 주사는 인천의 모 병원에서 맞으라고 했다. 그래서 인천으로 다니고 있었는데 담당 의사선생님은 병원을 이곳으로 옮길 것을 권하셨다. 영흥도에서 인천까지도 가까운 거리는 아니지만 서울보다는 다니기가 수월해서 병원을 옮겼다. 옮기고 보니 간이식을 한 사람들이 모인 환우회의 활동이 활발한 편이었다. 지금은 그 환우회가 없어졌지만 그 모임에서 일 년에 두 차례 정도 함께 만나곤 했다.

　정기검진차 병원에 가면 1시간 정도 주사실에서 헤파빅 주사(간이식 환자의 B형 간염 재발 예방)를 맞게 되는데 그 모임에서 만난 분들과는 서로의 안부를 물으며 대화했다. 그때 알게 된 분이 김정애 님이다. 그분이 안산에서 식당을 하실 때 남편과 그 식당에 가서 식사한 적이 있다. 그분은 그 병원 간이식 환우회인 길벗생명회의 부회장이셨다. 몇 년 후 그분은 큰 아드님이 계시는 화순으로 이사를 하셨다. 화순에서도 인천까지의 그 먼 거리를 마다하지 않고 인천의 병원을 계속 다니셨다. 그분은 병원에서 만날 때마다 반가워하셨고 항상 밥을 먹고 가라시며 밥을 사주려고 하셨다. 환우회원 몇 분과 병원에 오는 날짜를 맞춰서 진료를 마치면 함께 식사하기도 했다. 간이식을 받지 못하면 죽을 수밖에 없는 상태에서 다른 사람의 간을 받아서 생명이 연장된 사람들이니 우리가 얼마나 소중한가를 말씀하셨다. 나도 일정이 없으면 식사를 했겠지만 그때만 해도 인천에 가면 볼 일이 많아서 함께하지 못할 때가 더 많았다. 그러다가 서로 날짜가 달라져서 잘 만나지 못했다.

2015년 병원에서 만났을 때 집에 놀러 오라고 하셨다. 그래서 함께 밥 먹으며 가까이 지내던 세 분과 함께 가려고 했는데 결국 이춘자 님과 둘이 갔었다. 2박 3일간 화순의 운주사, 고인돌 유적지 등을 관광하고 그 집에서 묵었다. 그분은 인천 병원에 오실 때면 시간이 되는 사람들과 식사하신다며 오실 때마다 내게 전화하셨다. 나도 그분을 만나러 병원에 가고 싶지만 하는 일이 있고 또 오가는 데만 다섯 시간이나 걸리다 보니 엄두를 내지 못하고 가끔 통화만 했었다.

2022년 11월, 김정애 님의 전화를 받았다. 이번 목요일에 병원에 오는 것을 끝으로 화순 근처의 병원으로 옮긴다고 하셨다. 인천 병원에 가려면 버스로 4시간 걸리는데 너무 힘들고 관절도 아파서 병원에 치료받으러 다닌다고 하셨다. 우리 집에 오고 싶지만 여의치 않다고 하셨다. 나는 김정애 님이 병원을 옮기시기 전, 마지막 날에라도 인천에 가고 싶었지만 그 당시 무릎이 아파서 만나러 갈 수 없었다. 그래서 언젠가는 가족여행 할 때 일부러라도 한번 가보리라고 생각해왔다. 그 후 김정애 님이 옷을 몇 번 택배로 보내주셨다.

나도 집에서 농사지은 매실청과 대봉감을 보내드리곤 했다.

  작년 겨울, 나는 김정애 님을 만나려고 가족여행 일정에 일부러 화순을 넣었다. 가도 되는지 전화하니 처음에는 좋아하셨고 그다음에는 세 명이나 간다니 좀 부담스러우신 듯했다. 하지만 막상 내가 찾아가니 꿈꾸는 것 같다며 울먹이셨다. 지금 가정사로 인해 어려운 처지라고 하셨다. 그래서 섣불리 어디에 가지 못하는 상황인데 내가 찾아왔다며 좋아하셨다. 아들만 셋이라 속마음을 말할 딸이 없어서 아쉽다고 하셨다. 이 멀리까지 찾아왔다며 나에게 점심 식사와 차도 사주시며 진국이라고 하셨다. 식사 후 아드님이 운영하시는 농장에 다녀와서 댁까지 태워드렸다. 9년 전, 이 집에서 2박 3일 동안 묵을 때는 이 고래 등 같은 한옥과 주변 경치가 멋지게만 느껴졌는데, 이번엔 좀 쓸쓸하게 느껴지는 게 꼭 겨울이어서만은 아닌 것 같다.

  헤어지면서 "제가 여기를 또 오지는 못할 것 같아요." 했더니 알았다며 다음에는 영흥도에서 며칠 계시고 싶다고 하셨다. 아직까지 나이는 여쭤보진 않았는데 나보다 10살 정도 많으신 듯하다. 그분이 현재 하시는 일을 원하는 만큼 하실 수 있기를, 건강하게 장수하시기를, 무엇보다 마음 편히 사시기를 소망한다.

▶ 김정애 님과 함께

유순 씨의 인간승리

유순 씨는 2008년 대학원에 진학하고서 처음 만났다. 인천대학교 일반대학원에 입학했을 때 같은 영문과였다. 그때 내 나이 50대였고 유순 씨는 40대였을 거다. 방송대 영문학과를 둘 다 나왔으나 학교에서 만난 적은 없었다. 내가 대학 졸업하고 2년 후에 대학원에 진학했는데 유순 씨는 졸업과 동시에 들어왔는지 그건 확인해 보지 않아서 모르겠다. 같은 해에 입학하고 같은 교수님 아래에서 석사과정을 마치고 2011년 2월에 같이 졸업했다. 유순 씨와 대학원 과정을 함께 했기에 우리는 서로에게 정신적으로 많은 의지가 되는 존재였다. 석사학위를 같이 받고서 나는 학교 공부를 그만두었고, 유순 씨는 박사과정에 다시 진학했다.

나는 석사과정을 졸업하고 몇 년간 학생들을 가르치다가 이후에는 다양한 활동을 해왔다. 그러다가 2016년부터 옹진군 문화관광해설사로서 10년째 영흥도에서 활동하고 있다. 유순 씨도 다시 박사과정에 진학하여 공부하면서 대학에서 학생들을 가르쳤다. 석사과정을 담당한 교수님과 박사논문을 진행하였으나 도중에 교수님의 건강에 문제가 생겨서 전공 교수님이 바뀌었다고 한다. 그러느라 논문이 더디게 통과되었을 것 같다. 교수님의 쾌유를 기원한다.

그간 유순 씨와는 몇 년 동안 통화만 했지 만나지는 못했다. 작년 7월이다. 유순 씨는 박사과정을 시작한 지 13년 만에 드디어 박사논문이 통과되었다는 기쁜 소식을 알려줬다. 그리고 유순 씨가 대학교에서 공부하다 만난 젬마, 인희 씨와 함께 영흥도를 방문했다. 논문이 통과되지 않아 마음이 한가롭지 않아서 그동안 방문하지 못했다고 한다. COVID-19 이전에도 오지 못했으니 보지 못한 지 아마 7~8년은 된 것 같다. 내가 명이 길어야 학위를 받겠다고 하니 대학원 시절에 음운론을 지도하셨던 유 교수께서도 그런 말씀을 하셨다고 한다. 나는 유순 씨에 대해서 나의 첫 번째 수필집 『길 위에서 만난 사람들』에 수록된 「친절한 유순 씨」에 이미 쓴 바 있다. 그렇지만 이번에도 유순 씨를 칭찬해주고 싶다. 공부의 힘듦을 알고 있기에 이번에도 유순 씨의 박사과정 13년간의 노력을 높이 평가한다. 박사학위를 받기까지 끝까지 인내하며 이루어 낸 유순 씨 아니 박유순 박사님의 인간승리에 대해 칭찬해주고 싶다.

행복한 고양이 튼튼이

만남

오래전, 인천에 살 때였다. 영흥도 시댁에 오니 마침 어머니께서 기르시던 개가 새끼를 낳은지 얼마 되지 않았다. 딸은 아직 젖도 떼지 않은 강아지를 보더니 기르고 싶다는 것이었다. 나는 반려동물을 좋아하지 않았지만 딸의 성화에 못 이겨서 강아지를 데리고 갔고 딸은 젖을 사 먹이면서 잘 길렀다. 그 강아지는 이쁜이라고 이름 지었다. 몇 년 후에 영흥도로 이사 올 때는 큰 개가 된 이쁜이를 데리고 왔다. 그러다가 내가 2006년도에 큰 수술을 하게 되었다. 의사는 수술 후에는 동물뿐 아니라 식물도 가까이하지 말라고 했다. 그래서 이쁜이를 기를 수 없어 하는 수 없이 남에게 주었다. 그 일이 있고 나서 다시는 개를 기르고 싶지 않았었다.

5년 전, 내가 살고 있는 영흥도 고개 너머에 위치한 외딴집으로 이사했다. 그 후 남편이 현관 앞에 나무로 테라스를 설치할 때부터 고양이가 나타나기 시작했다. 이때도 동물을 좋아하는 딸은 고양이를 기르자고 했고 남편은 찬성했으며 나는 반대했다. 테라스가 완성되자 까망이(수컷), 누렁이(암컷), 삼색이(암컷) 이렇게 3마리의 먹이를 주게 됐고 그들은 우리 집에 자리를 잡았다. 다음 해 5월이 되자 누렁이와 삼색이가 모두 새끼를 낳아 순식간에 열 마리 가까이 되었다. 새끼들은 이루 말할 수 없이 귀여웠지만 나는 불어나는 고양이 수를 감당할 수 없을 것 같아서 기관에 신청했다. 고양이들에게 중성화수술을 시키고 겨우 한숨 돌리고 있을 때 또 나타난 고양이가 튼튼이였다. 크기와 색이 쥐와 비슷하고 털이 윤기가 없이 거칠거칠해 보이는 게 그동안 고생한 티가 났다. 그래도 이미 고양이들이 많아서 더 이상 감당할 자신이 없었다. 튼튼이는 아무리 쫓아내도 가지 않고 텃밭 아래 있는 커다란 돌 위에 앉아있었다. 그러다가 저도 힘든지 땅바닥에 누워 우리 쪽을 외면하고 누워있었다.

오늘 새로 나타난 녀석 때문에 스트레스를 받았는지 나는 배탈이 났다. 다음날 고양이 어미 중 대장 격인 누렁이가 튼튼이를 받아들였다. 튼튼이는 작은 체구에도 성인용 사료를 잘 먹었으며 베란다에서 배변 실수도 하지 않았다. 지금도 덩치가 작은 걸 보면 그때도 보기보다 나이가 들었을지도 모르겠다. 이미 우리는 예쁘게 생긴 노라니와 예쁜이 등 고양이 새끼들이 있었다. 그들이 어찌나 귀여운지 온통 마음을 뺏기고 있었기에 튼튼이의 존재에 대해서는 의식하지 못하고 있었다. 일주일 후 튼튼이와 예쁜이(누렁이 새끼)가 놀다 사라졌다. 예쁜이는 다음날 들어왔는데 튼튼이는 3박 4일 만에 배가 홀쭉하고 기운이 없는 채로 돌아왔다. 영영 사라진 줄 알았는데. 그 조그만 몸으로 어디까지 갔다가 찾아온 것일까. 두 달 후, 젖 뗀 어미 고양이들과 함께 튼튼이도 중성화수술을 시켜주었다.

이별

튼튼이가 나타난 이듬해 2월, 이상한 일이 일어났다. 그렇게 잘 뛰어놀던 고양이들이 집에서 꼼짝하지 않았다. 땡글이(튼튼이 다음에 들어온 고양이)도 집에서 움직이지 못했다. 상태가 어제보다 더 나빠진 듯 눈도 뜨지 못했다. 오후 1시경 남편이 고양이 분유를 타주니 다른 애들은 조금이라도 먹는데 땡글이는 그것도 못 먹겠는지 매실나무 있는 데로 내려갔다.

몇 시간 동안 나타나지 않자 남편이 찾아 나섰는데 매실나무 아래에서 집 쪽을 바라보며 있었다고 한다. 땡글이가 아파하며 둥근 집에 있을 때 튼튼이가 함께 있어 주었다. 하얀귀도 상자 안에서 꿈쩍도 안 한다. 하얀귀는 삼색이 새끼로 덩치가 가장 크고 건강했었다. 처음에는 존재감이 없다가 나중에 튼튼이랑 둘만 남게 되자 호돌이로 이름을 바꿔 주었다. 대부분의 고양이들이 아무것도 먹지 못하고 눈도 뜨지 못했다. 튼튼이는 상태가 제일 좋은데도 많이 먹지 못했다. 심지어 고기를 가져가도 반응을 보이지 않는다. 튼튼이만 몇 점 먹었다.

며칠 후, 튼튼이가 사료를 먹는다고 해서 나가보니 호돌이도 물을 먹으러 나왔다. 튼튼이는 음식을 먹지는 못해도 더 활발해진 것 같은 느낌인데 닭고기를 주니 먹으려고는 하는데 먹지는 못했다. 10여 일 만에 호돌이가 고기를 조금 먹었다. 전날은 닭고기 냄새만 맡았었다. 튼튼이와 호돌이는 사료를 조금 먹었다. 며칠이 지나자 결국 호돌이와 튼튼이만 살아남았다. 그 둘이 살아남기 전까지 호돌이는 물론 튼튼이도 별 존재감이 없기는 마찬가지였었다.

▶ 튼튼이

▶ 호돌이와 튼튼이

공존

　매일 운동 삼아 집 주변을 한 바퀴 돌고 내려올 때면 어디선가 튼튼이가 나타나서 야옹거렸다. 나는 튼튼이가 사랑스러워서 안고 내려오곤 했는데 이제 튼튼이는 무거워지고 나는 힘이 달린다. 튼튼이는 김칫국을 마실 때가 많다. 김칫국부터 마신다는 우리나라 속담으로, 어떤 일이 확정되지 않았음에도 불구하고 성급하게 결과를 기대하거나 미리 행동하는 것을 뜻한다. 쉽게 말해 결과가 아직 나오지도 않았는데 미리 준비하거나 결과를 장담하는 사람을 비유하는 표현이다. 내가 현관문을 열고 나가면 제 간식을 줄 거라고 믿는지 따라다니며 설쳐댄다. 그러면 그 모습이 예뻐서, 튼튼이의 기대에 부응하려고 간식을 꺼내 주곤 한다.

　딸이 건강이 좋지 않아서 몇 달간 영흥 집에 있을 때였다. 딸은 방의 커다란 창문을 열고 튼튼이를 처음으로 들락거리게 했었다. 튼튼이는 방에 들어오고 싶으면 그 창문 앞에서 방문을 쳐다보고 앉아있거나 때로는 창문 앞의 방충망에 올라가기도 한다. 작은 동물일지라도 사람과의 교감이 필요하다. 튼튼이를 쓰다듬어 주다가 사람에게 가까이 오려고 하면 그때가 튼튼이를 안기에 적합한 때다. 사람 사이의 거리도 그런 것 같다. 어떤 사람이 다른 사람에게 호의를 가지고 있다고 해서 일방적으로 다가갔다가는 오히려 반감을 살 수도 있다.

　오늘 아침에도 튼튼이는 큰 창문 앞에 있는 종이상자 안에 들어가 있다. 남편이 나가자 바로 몸을 세웠다. 어서 방으로 가고 싶다는 표시다. 내가 의자에 앉아서 무릎에 앉히려 했는데 미처 튼튼이 안아줄 때 하는 앞치마를 하지 않았다. 얼른 앞치마를 하고 앉았다. 튼튼이는 그때까지 기다려 주었다. 내가 의자에 앉자 튼튼이는 상자 안에서 가볍게 뛰어올라 내 무릎에 앉았다. 내가 힘들 때까지 무릎에서 왔다 갔다 하거나 자면서 골골 소리를 낸다. 튼튼이와 호돌이는 둘 다 진한 재색에 호랑이 무늬지만 성격은 비슷하지 않다.

다른 고양이들이 세상을 떠나 튼튼이와 호돌이만 남기까지 나는 튼튼이가 그렇게 붙임성 있고 사랑스러운 고양이인 줄 몰랐다. 남편은 튼튼이가 우리 집에 온 지 얼마 되지 않았을 때부터 소파에 앉아있으면 튼튼이가 슬그머니 제 다리를 남편에게 올려놓았다가 남편이 가만히 있으면 올라오곤 했었다고 했다. 남편은 튼튼이를 볼 때면 고양이도 이렇게 예쁜데 손주를 보면 얼마나 예쁠까 하고 생각하게 된다고 했다. 딸도 처음부터 튼튼이를 알아봤다고 한다. 튼튼이가 암컷인 줄 알았으면 예쁜 이름으로 지어줬을 텐데 하는 아쉬움도 있다. 호돌이와 튼튼이가 오래도록 건강하고 행복하게 살았으면 좋겠다.

어느덧 튼튼이가 들어온 지 3년째다. 나는 튼튼이에게 많은 선물을 받았다. 튼튼이는 자신을 만지도록 허락하는 것은 물론 나에게 먼저 다가와서 안아달라고 하거나 머리를 비비며 친근함을 표현하고 있다. 이제는 내가 근무하는 십리포해수욕장에 있는 유기묘들에게도 관심이 간다. 우리 부부에게 고양이는 어느덧 함께하는 가족이며 특별한 존재가 되었다. 오래 살고 볼 일이다. 내가 고양이를 좋아하게 될 줄이야. 튼튼이는 오늘도 기분이 좋은지 테라스 위를 이리저리 뛰어다닌다. 튼튼이의 행복한 모습을 보며 나도 덩달아 미소를 짓는다.

땡감의 변신

명태가 생태, 북어, 황태, 코다리, 노가리 등의 다양한 이름을 가지고 있듯이 감도 모양과 익은 형태에 따라 땡감, 단감, 연시, 홍시, 반시, 반건시, 건시(곶감) 등의 이름이 붙여졌다. 이 중에서 땡감은 감나무에서 완전히 익기 전 수확한 떫은 감을 의미하는데 타닌(tannin)이라는 성분이 강한 떫은맛을 내게 한다. 전통적인 방법으로 땡감에 알코올을 묻히고 밀봉해서 우리기도 하고 실온에 두어 자연스럽게 타닌을 분해시키는 방법을 쓴다. 시간이 다소 걸리지만 가장 자연스러운 방법이다. 감이 익는 과정에서 타닌 함량은 점차 줄어들어 감이 달콤해지는 것이 연시다.

홍시와 연시의 차이는 홍시는 (나무에서) 완전히 익은 감이 부드럽게 물러진 상태를 말한다. 과육이 말랑말랑하여 숟가락으로 떠먹을 수 있는 정도로 물렁하다. 단맛이 강하며 수분이 풍부해 디저트로 자주 사용된다. 연시는 홍시와 비슷하지만, 감이 조금 덜 익은 상태에서 숙성된 형태인데 잘 익은 땡감을 따서 두면 서서히 익어가며 물러진다. 약간 더 단단하여 홍시에 비해 조금 더 씹는 맛이 있다. 연시는 홍시보다 물기가 적고 형태를 더 잘 유지한다. 땡감을 껍질 벗겨 일광욕시키듯 햇볕에 널고, 찬바람을 맞게 하면 곶감이 된다.

우리 부부는 1993년에 지금 사는 곳에 감나무 묘목 100그루를 심었었다. 남편과 나는 오랜 시간을 들여서 야산이었던 비탈의 나무를 정리하고 구덩이를 삽으로 팠다. 그리고 주변의 나뭇잎과 거름을 섞어서 넣고 나무를 심었다. 심은 후에는 비료와 석회도 주었다. 그 후 1996년 딸의 고교 진학으로 인천으로 이사하게 됐다. 인천에서 생활하다가 2003년 어머니의 건강이 좋지 않아서 영흥도로 다시 와보니 감나무를 심었던 곳은 몇 년 새 다시 산이 되어 있었다. 감나무 심었던 곳을 정리하고 다시 100그루를 심었다. 남편이 일하러 다니느라 제대로 가꾸지 못했고 묘목도 좋지 않았는지 두 번째 심은 감나무도 감이 거의 열리지 않았다. 2014년이었다. 이번에는 남편이 서울의 종묘사에 가서 감나무 묘목을 사 왔다. 나무들이 도착하자 남편은 미리 파둔 구덩이에 거름을 넣고 물을 주고 나무를 심었다. 감나무 산과 도장골에 감나무 묘목 145그루를 심었다. 이때부터는 남편이 농사에 전념했다.

감나무를 세 번째로 심은 지 10년이 넘었다. 우리는 감의 표면 전체가 등황색으로 완전히 착색되면 감을 따기 시작하는데 그때가 10월 말경이다. 크기가 작은 거는 깎아서 곶감 걸이에 꿰어 햇볕에 주줄이 널어놓으면 12월 중순이면 거의 곶감이 된다. 큰 거는 11월 중순까지 수확하는데 1월 중순에는 먹기에 알맞은 덜 말린 곶감(반건시)이 되고 더 말리면 곶감(건시)이 된다. 곶감을 만드는 과정은 처음에는 집 앞 데크에 널어놓고 수분을 말린다. 한 달 이상 두었다가 반쯤 마르면 바람이 잘 통하는 곳으로 자리를 옮긴다. 곶감을 자연으로 말리려면 햇볕이 잘 들고 바람이 잘 통하는 건조한 장소가 필요하다. 내가 사는 지역은 우리나라에서 비교적 북쪽이고, 섬인 데다가 우리 집은 지대가 높고 햇볕이 잘 들고 바람이 잘 통해서 감을 말리기에 적합한 환경이다. 요즘은 완전히 말린 건시보다 반건시를 좋아하는 사람이 많다. 반건시는 건시보다 과육이 부드럽고 색깔도 연한 편이다.

　겨울이 추우면 추울수록 감이 맛있어진다. 한겨울 추위를 견디고 난 후 설날이 다가올 때면 감은 이윽고 세상의 그 무슨 젤리보다 쫄깃하고 달콤한 곶감으로 변하는 것을 여러 해 동안 경험했다. 우리가 감을 즐기는 방법은 다양하다. 먼저 나무에서 익은 홍시거나 연시는 서늘한 곳에 두고 바로 먹는다. 또 껍질을 벗기고 씨를 제거한 후 비닐봉지에 넣어 밀봉하여 차곡차곡 쌓아서 냉동해 두면 오랫동안 보관할 수 있다. 겨우내 하나씩 꺼내서 살짝 얼린 상태로 분유와 견과를 넣고 아이스크림처럼 즐기고 있다. 또 곶감은 그냥 먹어도 맛있지만 견과와 같이 먹으면 잘 어울린다.

　감이 변신하는 과정을 볼 때면 매번 신기하다. 땡감이지만 익은 감을 땄기에 실온에 그냥 두기만 해도 시간이 지남에 따라 딱딱했던 것이 부드러워지고 떫은맛이 단맛으로 변한다. 이것도 신기한데 더 신기한 건 두 번째 변신이다. 감을 꽂이에 꿰어 널어놓으면 처음에는 단단했던 과육이 부드러워졌다가 약 두 달 후면 다시 쫄깃해진다. 게다가 모양까지 완전히 바뀐다. 이것을 감의 환골탈태(換骨

奪胎)라고 해도 맞을 것이다. 이 말은 뼈를 바꾸고 태를 바꾼다는 뜻으로, 기존의 모습을 버리고 완전히 새로운 존재로 변신하는 것을 의미한다. 감의 변신은 맛만 달콤해지는 것을 넘어서 영양가 높은 식품으로 변신한다. 떫은맛의 원인인 타닌은 항산화 효과 혈액 순환 개선 등으로 건강에도 이로운 효능을 제공한다. 땡감이 오랜 시간 추위와 칼바람을 견뎌야 비로소 달고 맛있는 곶감이 되듯이 사람도 고난과 역경을 거쳐야 비로소 사람다운 사람, 성숙한 인격을 갖춘 사람이 되는 것이 아닐까! 감의 변신 과정을 보면서 또 하나 배운다.

제2의 고향 영흥도

사람 사는 곳이면 정도의 차이는 있겠지만 내가 사는 영흥도에도 수많은 사람이 이사를 오고 간다. 언젠가 만난 분은 경기도에서 영흥도로 이사를 와서 사셨는데 그쪽으로 볼 일이 있어서 자주 다니게 되고, 동네 사람들은 일하느라 늘 바빠서 어울릴 수 없으니 재미가 없다며 아예 살던 곳으로 다시 이사를 해야겠다는 말을 들은 적이 있다.

나도 처음에는 건강이 좋지 않아서 1991년도에 남편의 고향인 영흥도에 오게 되었다. 그때 딸이 초등학교 5학년이었다. 영흥도의 인구가 몇천 명이지만 나만 섬 속에 홀로 있는 것 같은 외로움을 느꼈다. 길을 지날 때마다 마주치는 동네 사람들은 낯선 얼굴인 내가 누군지 늘 물어보셨다. 어머니는 1950년부터 해오시던 가게를 하셨고 남편과 나는 묵은 땅을 일궜다. 호미와 삽으로만 땅을 일구어 겨우 밭으로 만들어 놓았다. 참깨를 심었는데 싹이 하나도 올라오지 않았다. 왜 그런지 몰라서 당황했는데 참깨 싹을 잘라먹는 벌레가 싹이 올라오기도 전에 다 먹어 치운 것이다. 그리고 참깨는 따뜻해야 싹이 잘 나오므로 그 위에 비닐을 덮어줘야 한다는 것도 나중에 알게 됐다. 고추도 4~5천 대를 심고 따느라 몇 년을 허리가 끊어질 듯이 아프도록 일했다.

처음으로 바지락조개를 잡으러 갔을 때의 일이다. 그날 처음으로 바지락을 수확하는 날이라서 바지락이 제일 많은 날이었다. 나도 다른 사람들처럼 한 곳에 자리를 잡고 앉았다. 곧바로 주변 사람들의 바지락을 캐는 소리와 바지락 담는 소리로 정신이 없는데 아뿔싸! 내 눈에는 바지락이 어디 있는지 하나도 보이지 않았다. 바지락 숨구멍을 보고 캐야 하는 것도 몰랐다. 바지락을 캐보지 않았던 남편도 마찬가지였다. 동네 사람들은 우리가 안돼 보였는지 자신이 캔 바지락을 조금씩 덜어주시기도 했다. 남들은 30~40kg을 거뜬히 이고 지고 나오는데 나는 10kg도 머리에 이기가 힘들었다. 영흥도에서의 생활은 농사짓느라 힘든 데다 거의 수입이 없어서 불안정하고 힘들기만 했다. 영흥도에서 지내면서 다행히 건강은 많이 회복했다.

5년이 흘러 딸이 중학교를 마치게 되었다. 딸의 고등학교 진학에 맞춰 우리도 1996년에 인천으로 이사했다. 인천에서 남편과 나는 각자 일을 하며 나름대로 안정적인 생활을 해나갔다. 나는 공부를 더 하고 싶다는 마음을 가지고 있었기에 방송대에 진학도 했다. 딸도 학교를 졸업하고 직장에 다니고 있었다.

우리가 인천으로 이사한 지 7년 후 어머니의 건강이 나빠지셨다. 처음에는 남편만 영흥도를 혼자 오가며 어머니를 돌보았다. 나는 아무래도 안 되겠다 싶어서 2003년도에 어머니 사시는 집으로 다시 들어갔다. 그때가 방송대 2학년이었고 영흥도에 있는 학원에서 강의를 시작했다. 방송대를 졸업할 즈음 편찮으시던 어머니는 돌아가시고 우리는 시부모님께서 50여 년간 해오셨던 가게를 접었다. 2006년이었다. 다니던 병원의 의사 선생님은 내가 간경화로 이식수술이 필요하다고 누차 말씀하셨었다. 하지만 한국에서 장기를 구할 수 없어 하는 수 없이 중국에 가서 간이식 수술을 받았다. 그러고 나서 2007년부터 집에서 영어를 가르치기 시작했고 2008년에는 대학원에 진학했다. 대학원 공부는 너무 어려웠지만 포기하지 않았기에 대학원을 졸업할 수 있었다. 이후 기관에서 영어 강사를 1~2년 했다.

영흥도에 살면서 2009년에는 인천세계도시축전에서 자원봉사를 처음으로 해봤다. 자원봉사에 재미를 느껴서 2013년에는 인천무도아시안게임, 2014년에는 인천아시안게임에서도 자원봉사자로 활동했다. 그리고 인천시립박물관에서 유물해설 자원봉사자로 4~5년 했다. 2015년에는 평소에 하고 싶었던 문화관광해설사를 모집한다는 소식을 들었다. 그 후 영흥면에서 문화관광해설사로 10년째 활동하고 있다.

처음 영흥도에서 생활한 5년간은 힘들기만 했다. 영흥도에서의 힘들었던 기억 때문에 영흥도로 다시 돌아오고 싶지는 않았었다. 하지만 어머니가 편찮으셔서 하는 수없이 7년 후 다시 돌아온 영흥도는 예전의 영흥도가 아니었다. 다시 돌아온 영흥도에서의 생활은 이전과 많이 달라졌다. 지금 농사일은 주로 남편이 한다. 감나무, 매실나무, 포도나무를 가꾸고 있는데 나는 거의 도와주지 못하지만 봄이면 잎이 나고 때가 되면 열매를 맺는 나무를 보는 게 즐겁다. 작년에 집 앞 텃밭 한쪽에 새로 심은 머루 포도와 거봉이 올해는 벌써 열매를 맺었다. 전에 살던 집은 길옆에 있어서 시골 사는 것 같지 않았는데 지금 사는 집은 시골 사는 맛이 제대로다. 영흥도에서 사는 지 25년이 되니 정이 들어서 영흥도는 어느덧 제2의 고향이 되었다. 지금 문화관광해설사로서 영흥도를 소개하는 역할을 하다 보니 보람이 있고 하루하루 즐거운 마음으로 생활하고 있다.

    영흥면은 영흥도와 선재도를 포함하는데 한 바퀴 둘러보려면 하루로는 부족할 정도다. 맨 먼저 해수욕장으로는 소사나무 군락지로 유명한 십리포해수욕장과 장경리해수욕장을 추천하고 싶다. 2012년 CNN에서 1위를 차지한 목섬, 해군 영흥도 전적비, 반딧불이 하늘고래 스카이워크도 가볼 만한 곳이다. 등산로도 있어서 국사봉 양로봉 정상을 오를 수 있다. 십리포, 장경리, 목섬, 드무리에 해안산책로가 있어서 산책로를 걸으며 넓은 바다와 뛰어난 경치를 즐길 수 있다.

    또한 체험학습을 원하면 어촌체험마을에서 갯벌체험, 수산자원연구소 해양수산체험학습관에서 해양수산 체험, 영흥에너지파크에서도 전기에 대한 체험이 가능하다. 이 밖에도 먹거리로는 포도, 바지락, 굴, 김 등이 있는데 제철에 맛보면 향과 맛이 뛰어나다. 인천과 서울에서는 자동차로 한 시간 반이면 영흥도에 도달할 수 있어서 지금도 많은 관광객이 영흥도를 찾고 계신다.

▶ 드무리 해안길 산책로

▶ 반딧불이 하늘고래 스카이워크

3부

수필 여정
― 발표작·인터뷰

새옹지마
—《월간문학》 2014년 3월호(541호) 발표

'인생은 새옹지마(塞翁之馬)다'란 말이 있다. 그만큼 인생의 길흉화복(吉凶禍福)이 무상하여 예측할 수 없다는 말이요, 전화위복(轉禍爲福) 또한 이와 같다는 의미이리라 여겨진다. 그러기에 이 고사성어(故事成語)를 때때로 생각해 보면서 삶의 의미를 되새겨 본다.

작년 2월 어느 날이다. 나는 모 기관에서 실시한 상반기 정규강좌를 수강하려고 인터넷에 접속했다. 수강 신청 시간이 되자 수많은 사람이 접속하는 바람에 컴퓨터가 다운됐다. 결국, 대기자 번호가 늦어져 여러 강좌 중에서 하나도 성공하지 못했다. 하반기에도 시도했으나 한 과목도 성공하지 못했다. 그러던 중, 4월에 단기과정으로 '숲 아카데미'를 같이 수강했던 수강생 중의 한 사람으로부터 전화를 받았다. 모 구청에서 9월부터 11월까지 '숲 해설 자원활동가' 과정을 모집하고 있는데 자신은 이미 신청했다면서 관심이 있으면 하라는 것이었다.

홈페이지에 들어가 보니 자원활동가 과정이 5과목이 개설되는데 '문화유산 해설가 과정'도 있었다. 화, 목요일 오후에 '숲 해설' 과정이 있고 '문화유산' 과정은 월요일, 목요일 오전이었다. 영흥도인 집에서 인천까지 대중교통으로 다니려면 4~5시간이 걸리겠지만 지금

시간은 낼 수 있으니 둘 다 신청했다. '문화유산'은 평소에 관심이 있었고, '숲 해설'은 배우려는 목적이 있었다. 두 과목 모두 재미있게 수강했지만, 목요일 오전의 문화유산 야외수업과 '숲 해설' 야외수업이 겹칠 때가 문제였다. 그때는 하는 수 없이 점심을 거른 채 오후 수업에 참석하기 위해 뛰어야만 했다. 부득이한 일로 결석을 하기도 했지만 수료하는 데는 별 지장이 없었다. 생각해 보니 하반기에 내가 모 기관에 신청한 강좌에 모두 되었거나 한 과목이라도 모 구청의 시간과 겹쳤다면 이 좋은 강좌를 받지 못했을 것이다. 그때의 애석임이 지금에 와서 생각해 보니 얼마나 다행인지 모른다.

지난 2006년에도 그랬다. 지병이던 간경화가 악화되었다. 한국에서 수술받고 싶었지만 장기를 구할 수 없어 중국으로 간이식수술을 받으러 떠나기로 결정할 수밖에 없었다. 그러자 수술을 대기하는 동안 중국을 여행할 수 있는 절호의 기회가 주어졌다는 생각이 들어 중국 여행에 관한 책을 구입했었다. 중국에 가서 병원 수속을 마치고는 여행에 전념했다. 하루의 여행이 끝나면 다음 여행을 할 때까지 체력을 아끼면서 다음 여행지에 대해서 공부하곤 했다. 그랬기에 수술 전 20여 일 동안 자금성, 이화원, 천단공원, 용경협, 명 13릉, 재래시장 등 북경 일대를 다닐 수 있었다. 그때가 최초의 해외여행이자 지금까지도 북경여행으로는 유일하다.

간이식 수술 전 1년 동안은 복수가 차서 일반적인 음식을 먹지 못했다. 몸에 쥐가 나서 그 고통이 엄청났다. 간이식 후에도 고통이 심했지만 그때가 북경을 여행할 수 있는 최고의 기회이기도 했다.

그것뿐만이 아니다. 그 일로 평범한 일상이 당연한 것이 아니라 감사해야 할 일임을 깨달았다.

내 나이 15살 때, 아버지께서 갑자기 돌아가셨다. 큰아버지의 도움으로 고등학교를 마칠 수 있었다. 동생이 세 명이나 있는데 감히 대학에 갈 용기가 나지 않았다. 아니 용기를 낼 수 없었다.
직장생활을 하다가 결혼을 했다. 그러다 보니 생활에 얽매여 공부를 시작할 엄두를 내지 못했다. 그러다가 남들이 이미 포기하고도 남았을 40대 후반에 대학에 들어갔다. 공부를 다시 시작해서 10여 년의 공부를 마쳤다. 몇 년 전까지만 해도 내 공부하면서 학생들을 가르치느라 시간에 쩔쩔매어 적지 않은 고생을 했다.
그러나 요즘처럼 행복한 적은 없었다. 고정 수입은 없으나 나를 사랑해주는 가족과 가정이 있고 자유로이 내가 하고 싶은 일을 마음껏 할 수 있는 건강이 있으니 참으로 감사할 뿐이다.
이렇게 생각하는 순간 김천택의 시조가 입가에 맴돈다.

잘 가노라 닷지 말며 못 가노라 쉬지 말라
브대 긋지 말고 촌음을 앗겨 슬아
가다가 중지곳하면 아니 간만 못 하니라

그렇다. 인생의 길흉화복(吉凶禍福)은 변화가 많아 예측하기 어렵다고 하지만 촌음을 아껴 쓸 때 흉(凶)이 길(吉)로, 화(禍)가 복(福)으로 변한다는 엄연한 삶의 진리를 생각해 보면서 "잘 가노라 닷지 말며 못 가노라 쉬지 말라"는 말의 깊은 의미를 마음속에 되새겨 본다.

싱가포르 자유여행을 다녀와서
-《한글문학》 2024년 봄·여름호(24호) 발표

우리 부부는 여행을 좋아하여 여건이 되면 국내와 해외를 가리지 않고 떠나는 편이다. 이번 여행은 2019년에 미얀마를 다녀온 것을 끝으로, 코로나 이후 처음이다. 재작년 겨울, 우리 가족 3명은 밤비행기를 타고 싱가포르로 출발했다. 싱가포르는 오랜 기간 영국의 식민지였다가 태평양전쟁 때 일본에 점령당한 후 수만 명의 중국계 싱가포르인이 학살당한 아픈 역사가 있다. 리콴유 정부는 국민 대다수가 중국인이지만 영어를 공용어로 채택했다. 이런 조건은 싱가포르가 오래전부터 해오던 중개무역, 선박 수리 등 전통적 허브 역할을 넘어서 다국적 기업을 유치하게 했다.

창이공항에 내려 숙소에 도착하니 아침 7시경이었다. 택시 기사님이 택시비 거스름돈을 덜 주었고, 숙소에서는 출발 전 메일로 제시한 비용보다 조기 체크인비를 더 달라고 했다. 숙소에 짐을 풀고 가까운 MRT 클락키역을 찾으려니 클락키 센트럴 건물 속에 있어서 보이지 않아 한참을 찾았다. 유심카드와 교통카드도 여러 편의점을 전전한 끝에야 살 수 있었다. 한숨 돌리고 싱가포르에서 쉽게 만날 수 있는 칠리크랩을 먹으러 식당에 갔다. 칠리크랩, 야쿤 카야

토스트 등은 페라나칸 문화의 일부분이다. 싱가포르는 전체 인구의 75% 이상이 중국계이지만 이들의 뿌리 역시 이주민이다. 현지에서 태어났다는 뜻의 페라나칸은 일종의 혼혈공동체로 말레이반도로 이주한 중국인 남성과 말레이인 여성 사이에 탄생한 문화와 인종을 일컫는 말이다. 식사 후 클락키에서 출발하여 멀라이언 파크를 돌아오는 리버크루즈를 탔다. 이 배는 40분 코스로 천천히 흘러가는 배 위에서 싱가포르의 전경을 감상할 수 있어 이곳에 와서 처음으로 휴식할 수 있는 시간이었다.

둘째 날, MRT 하버프론트역에서 케이블카를 타고 실로소포인트역에서 내렸다. 센토사섬은 싱가포르 최대의 관광지다. 실로소 요새 입구에는 한 청년이 지키고 있었다. 딸이 그에게 올라가도 되냐고 말하니 안된다는 제스처를 했다. 나중에야 그는 그 내용을 번역 앱으로 확인하더니 올라가라고 했다. 엘리베이터를 타고 실로소 요새와 연결되는 스카이워크에 오르니 싱가포르 항구에 떠 있는 무역선들과 바로 앞의 실로소 비치가 잘 보여 경치 좋은 전망대에 온 것 같았다. 실로소 요새는 1880년대 후반 싱가포르를 점령 중이던 영국군이 센토사섬을 드나드는 선박들을 감시하기 위해 세운 곳으로 싱가포르 서쪽 경계를 강화하고 보호하던 최전선 요새였다. 일본 점령기에는 포로수용소로 사용했다. 싱가포르는 그 모든 흔적을 허물지 않고 보존해 담담하게 역사를 보여준다. 초등학생쯤 되어 보이는 어린 학생들이 견학을 왔고 주요 장소마다 멈춰서 해설을 열심히 듣는 모습이 인상적이었다.

　거기서 내려오니 섭씨 30도의 더위와 뜨거운 태양 빛으로 인해 걸어 다닐 엄두가 나지 않았다. 무료 비치 셔틀과 버스를 타고 센토사 섬을 한 바퀴 돌고 모노레일을 타고 나왔다. 점심으로 우리나라 돼지 갈비탕과 비슷한 맛이라는 바쿠테를 먹고 저녁에는 맥스웰 푸드 센터에서 현지 음식을 체험했다. 우리나라는 기본 반찬과 물 그리고 물티슈를 무료로 기본 제공하고 있는데 싱가포르는 모두 유료다.

　셋째 날, 멀라이언 파크로 향했다. 그곳을 향해 걸어가는 동안 운동 중인 외국인을 많이 볼 수 있었다. 운동도 사이클, 조깅, 춤 등 다양했다. 요즘은 우리나라도 외국인이 많은 편이지만 이곳은 외국인의 수가 훨씬 많고 다양한 민족이 공존하는 듯했다. 더운 나라라서 그런지 민소매옷이나 레깅스를 입은 사람이 많았는데 비행기를 탈 때도 그랬다. 그리고 가는 곳마다 아기 우는 소리가 들리는 걸 보니 아기를 낳기 좋은 환경이 아닐까 생각했다. 드디어 플러톤 호텔 앞에 있는 멀라이언 파크에 도착했다. 마침 관광객이 많지 않아서 주변을 둘러보거나 사진을 찍기에도 편했다. 센토사섬이 싱가포르의 과거를 보여준다면 멀라이언 상이 서 있는 마리나베이가 현재의 싱가포르를 보여주는 곳이라고 할 수 있다. 맞은편에 마리나베이샌즈호텔, 에스플러네이드 등 주변 명소를 구경했다. 1870년에 세워진 카베나 다리는 여전히 그 모습을 유지하고 있으며, 100여 년 전 이곳 담당 경찰서장의 다리 통행 제한 경고문조차도 보존되어 있었다. 첫날 리버크루즈를 타고 이곳을 한 바퀴 돌 때와는 색다른 느낌이었다. 이곳을 걸으면서 자유여행에서 누릴 수 있는 자유를 만끽했다.

오후에 마리나베이의 매립지에 막대한 자본을 투입해 완성한 인공 정원인 슈퍼트리 그로브를 관람하기 위해 가든스 바이 더 베이로 향했다. 오늘 비가 오지만 계획을 미룰 수가 없어서다. 이곳은 최근에 가장 인기 있는 명소가 되었는데, 비좁은 도시국가에서 자연에 대한 그리움과 동경이 이런 작품을 완성하게 한 것이 아닌가 생각한다. 매표소에서 알아보니 비가 와서 슈퍼트리가 있는 곳에는 입장 불가라고 했다. 하는 수 없이 클라우드 포레스트만 입장했다. 그동안 자유여행으로 여러 나라를 갔다 왔지만 싱가포르에서 듣는 영어는 미국, 영국영어와는 달라서 의사소통이 힘들었다. 그 이유는 '싱글리시(Singlish)' 때문이다. 싱글리시란 'Singapore와 English'의 합성어로 말레이어·중국어가 뒤섞인 싱가포르만의 독특한 영어를 말하는데 된소리가 많고 표현 자체가 다르기도 하다. 내가 저들의 영어를 알아듣기 힘들고 저들도 마찬가지로 내 말을 잘 알아듣지 못했다. 꼭 보고 싶었던 슈퍼트리 쇼를 보지 못한 아쉬움에다 의사소통까지 힘들어서 피곤하게 느껴졌다.

넷째 날, 티옹바루로 향했다. 버스에서 내리니 비가 내리고 있었다. 이 나라는 길옆 건물에 비를 피하도록 하는 처마 같은 것이 있어서 웬만큼 비가 와도 괜찮은데 그곳은 비를 피할 데가 없었다. 티옹바루 베이커리에서 유명한 크로와상을 사고 티옹바루 마켓에서 점심을 먹었다. 이 마켓은 현지인들이 즐겨 찾는 곳으로 생각보다 큰 규모였다. 건물 1층에는 과일과 꽃을 파는 재래시장이 있고 2층은 다양한 종류의 음식을 먹을 수 있는 호커센터다. 버스로 불과 몇 정거장에 불과하지만 도심의 복잡함에서 벗어나 잠시라도 느긋하게 여유를 즐긴 시간이었다.

오후에는 마리나베이샌즈호텔 스카이파크 56층 전망대에 올라갔다. 상공 200m 높이에 있는 곳에서 싱가포르의 스카이라인을 360도로 감상하다 보니 속이 뻥 뚫리는 듯 마음이 시원했다. 이곳에서 해가 질 때까지 머물다가 가든스 바이 더 베이의 슈퍼트리 쇼를 위에서 내려다보고 내려왔다.

다섯째 날은 이층 버스를 타보고 싶어서 일부러 기다렸다가 탔다. 아랍 스트리트에 있는 술탄 모스크와 주변 풍경은 마치 아랍에 온 듯했다. 근처 이슬람 식당에서 무르타박을 먹어보려고 했는데 시간이 일러서 바로 무스타파 쇼핑센터로 갔다. 그 건물은 구관과 신관으로 나뉘어 있는데 규모가 커서 나는 미리 준비한 동선대로 움직여 필요한 물건만 사서 나왔다. 오후에는 점심으로 야쿤카야토스트를 먹고 유명한 망고 빙수를 먹었다. 오차드로드의 백화점 지하에도 갔다. 1층에서는 멋진 크리스마스 장식을 감상할 수 있었다. 우리는 지나다가 오렌지 생즙 자판기가 보이면 이용했다. 싱가포르에는 오렌지가 흔해서인지 주스 한잔에 오렌지 4개 정도가 들어가는데 보통 2불이다.

벌써 한국으로 떠나는 날이다. 출발 전 몇 군데를 더 보고 공항으로 갈 참이었다. 그런데 오전 9시부터 내리기 시작한 비는 정오에도 멈추지 않았다. MRT를 타고 창이 공항역에 내려서 쥬얼창이를 구경했다. 쥬얼창이는 창이공항과 연결되는 거대한 쇼핑몰이다. 그중에서도 폭포는 거대했고 주위엔 거대식물원에 온 것처럼 꾸며져 있었다. 무슨 공항을 일부러 구경하러 가냐고 했던 딸은 쥬얼창이의 엄청난 규모와 아름다움에 압도된 듯했다.

싱가포르에 머문 5박 6일 동안 마음이 좋지 않은 일도 있었다. 하지만 늘 가고 싶었던 싱가포르에서 그 나라만의 풍경, 음식, 문화 등을 체험할 수 있어서 좋은 여행이었고 다녀오길 잘했다고 생각한다.

작은 도전
—미국 여행기 / 《월간문학》 2020년 10월호(620호) 발표

나는 평소에 할 일이 있으면 혼자서라도 주저하지 않고 실행에 옮기는 편이다. 50대 초반의 나이에 지금 사는 영흥도에서 인천의 대학에 다녔으며 졸업 후 다시 영어영문학 석사학위를 받기까지 공부했고, 그 이후에도 뭔가 배울 것이 있거나 활동을 위해서는 거리의 원근을 막론하고 혼자서 잘 찾아다녔다. 그랬는데 혼자라는 것에 부담을 느낀 일이 있다. 몇 해 전, 14일 일정으로 단체여행팀에 속해 혼자 미국 여행을 하게 됐을 때의 일이다.

마음으로는 진작부터 가고 싶었지만 처음에는 여행비를 마련하지 못했다. 경비가 마련된 다음에는 하던 일을 마무리하느라 몇 달간 미뤄야만 했다. 여행을 떠날 수 있는 시간이 다가오자 남편과 친구 중 어느 누구라도 같이 갈 사람이 있을 줄 알았는데 각자 하는 일이 있어서 시간이 맞지 않았다. 같이 갈 사람 하나 없이 먼 길을 떠난다는 것이 이렇게 부담스럽게 느껴질 줄은 미처 생각하지 못했다. 출발일이 코앞에 다가오자 여행에 대한 기대와 설렘은 어디론가 사라지고 낯설고 물 설은 곳에서 나 혼자 감당해야 할 스트레스로 몸살이 날 지경이었다.

출발하는 날(2016. 1. 14), 날씨마저 우리의 여행을 축하해 주는 듯 청명했다. 오후 3시 인천공항을 출발하여 미국 로스앤젤레스로 향하는 비행기에 올랐다. 맨 처음 일정인 유니버설스튜디오에 다녀와서 숙소에 들었다. 혼자 자려니 괜히 불안해서 객실 문이 제대로 잠겨졌는지 다시 확인해 봤다.

다음날, 로스앤젤레스에서 바스토우로 향하는 도중이다. 아웃렛에 들렀다가 버스가 출발하려는데 바지 안에 찬 전대가 보이지 않았다. 다시 조금 전에 갔던 아웃렛으로 차를 돌려서 내리려는데 전대가 그 위로 올라가 있는 것을 알았다. 얼마나 놀랐는지 가슴을 쓸어내렸다. 만약의 경우를 생각해서 여권과 고액권은 전대에 넣어 두었었다. 이 사건으로 우리 팀 중에서 일행이 없이 혼자 온 여자가 있다는 것을 사람들이 알게 됐다. 나 외에는 모두 가족·친지로 이루어진 팀이다.

라플린으로 향하는 길에 들른 휴게소에 보이는 석양은 마치 한 폭의 예술이다. 잃은 줄 알았던 전대를 찾았으며 사막인데도 수도꼭지에서 물이 잘 나오니 기분이 좋아져서 저절로 만세가 나왔다. 그랜드캐니언에서는 데저트 뷰포인트에 내려 인디언 첨성대로 향했다. 여기서 장대한 경관을 보노라니 전망을 즐기는 것만으로도 훌륭하여 이번 여행의 본전을 뽑은 기분이 들 정도였다. 한 시간의 자유시간이 짧게 느껴질 정도로 부지런히 돌아다니며 감상하고 사진을 찍었다. 일행 중, 홍성에서 오신 분은 딸과 사위, 손자와 함께 오셨는데 홀로 온 나와 마음이 서로 통하여 그분 덕분에 덜 외로웠다.

    7일간의 미 서부 일정을 마쳤다. 미 동부 일정을 위해 나와 다른 한 가족 4명만 동부로 가기 위해 아침 일찍 샌프란시스코 공항에 도착했다. 탑승수속을 마치자 2시간 정도 남았지만 내가 타야 할 게이트 앞에서 기다리다가 비행기에 탑승했다. 그런데 웬일인지 탑승 시간이 지났는데도 내 옆 좌석으로 나란히 예약된 그 가족이 보이지 않았다. 출발시간이 임박해도 그들이 나타나지 않자 이번에는 내가 이 비행기에 제대로 탔는지 의심스러워져서 승무원에게 물었으나 옳다고 했다. 비행기는 정시에 샌프란시스코에서 출발하여 5시간 30분 만에 뉴욕 케네디공항에 도착했다. 짐 찾는 곳에서 나를 기다리는 새로운 가이드를 만나는 순간 비로소 안도했다. 비행기에 타지 못한 그들은 식사를 하다가 탑승 시간을 놓쳤고, 보통은 다음 날 타야 하는데 오늘은 2시간 후의 비행기를 타고 지금 오는 중이라고 한다. 뉴저지의 호텔에 투숙하여 가족에게 뉴욕에 도착했음을 알리고 나니 피로가 밀려왔다.

    동부에서의 첫 일정으로, 새로 합류한 관광객들과 숙소에서 5시간을 이동해서 워싱턴에 도착했다. 워싱턴은 뉴저지보다 날씨가 추웠다. 국회의사당, 백악관, 제퍼슨기념관에 다녀왔다. 링컨기념관 앞에는 1950년 한국전쟁 당시, 참가하여 사망한 미군과 유엔군의 희생을 기념하여 미국 내에서 소액 헌금을 모아 건립한 한국전 참전용사 기념공원이 있다. 이곳에는 1950년 6·25 전쟁 당시 참전용사의 얼굴이 49미터 길이의 화강암에 새겨져 있고 그 앞에는 수많은 참전군인의 동상이 새겨져 있었다. 나는 감동했다. 자유를 지키기 위하여 남의 나라 전쟁에 목숨을 바친 그 거룩한 정신이 얼마나 숭고한가를 되새겨 보았다.

나이아가라를 다녀와 미 동부에 온 지 닷새만인 마지막 날, 드디어 뉴욕 땅을 밟았다. 뉴욕 시내는 전날 우드버리를 갈 때보단 눈이 많이 치워졌다. 황소 동상 있는 곳에서부터 선착장까지 30분을 걸어서 자유의 여신상 유람선을 탔다. 샌프란시스코에서 베이 크루즈 유람선을 탔을 때와는 풍경이 완전히 달랐다. 그곳은 거의 바다만 보였는데 이곳은 사방이 거대한 야외 건축물 전시장처럼 화려하다. 엠파이어스테이트 빌딩의 86층에 올랐는데 뉴욕의 전경을 사방으로 잘 볼 수 있었다. 조금 전, 수상택시에서의 찬란한 경험과 함께 선물 보따리를 받은 기분이다.

미국 여행을 마치고 뉴욕을 떠나 한국으로 가는 날, 당연히 서부에서 동부로 함께 온 일가족 4명과 같이 가는 줄 알았는데 그들은 맨해튼에서 일주일을 더 머물기로 했다고 한다. 미국 공항에서 출국을 제대로 할 수 있을까? 갑자기 긴장됐다. 가이드가 공항에서 헤어지기 전, 그는 "혼자 미국에 와서 잘 다녔으니 앞으로는 어느 곳이든 다닐 수 있을 것."이라고 말했었다. 2주 전, 한국을 떠날 때는 혼자라는 마음의 부담을 안고 출발하지 않았던가. 돌아오는 비행기 안, 그동안의 여행으로 몸은 비록 무겁지만 마음은 새털처럼 가볍다. 뉴욕에서 14시간 걸려 인천공항에 무사히 도착했다. 이번 여행을 다녀오면서 내가 여행을 얼마나 좋아하는지 알게 되었고 작은 도전이지만 성공했으니 개선가를 불러도 좋을 것이다.

*아래는 하재준 평론집 『문학평론의 기본의식을 통해 본 의미통찰』(교음사, 2023)에 실린 위의 글 「작은 도전—미국 여행기」에 대한 평론이다.

곽인화 수필가의 미국 여행기를 통해 본 정신세계

수필문학은 '멋과 맛'이 흐르는 문학이다. 다른 문학도 그러하지만 특히 수필문학은 작가가 직접 작품에 등장하는 특징을 가지고 있다. 물론 소설도 '1인칭 주인공 시점'에서 보면 주인공이 작품 속에 등장하여 사건을 이끌어 가고 시(詩) 역시 '주인공 시점'도 그렇다. 그러나 소설이나 시의 주인공은 '허구적 인물'이지 수필처럼 '작가 자신'이 아니라는 점이다. 작가가 직접 작품 속에 등장하는 수필을 읽으면 그 맛과 멋이 다른 문학과 확연히 다르다. 작가의 사상이나 감정, 철학까지도 느낄 수 있는 것은 오직 수필문학이다. 구체적으로 말하면 생활의 숨소리까지도 들을 수 있다. 이런 점에서 곽인화 작가의 수필이 퍽 돋보인다.

혹자는 작품 속에 서정성이 깃들어 있지 않다고 꼬집을지 모른다. 그러나 기행수필은 서정성보다 서사성에 치중해야만 독자들에게 신뢰감을 줄 수 있을 뿐만 아니라 더욱 믿음직스럽다. 비록 당장에 입안에서 감미로움을 느끼지 못할지라도 그 글을 읽으면 읽을수록 진미를 느끼고 포근함으로 이어지면서 지혜까지 일으키는 글이다. 어설픈 서정성으로 깔끔한 맛을 잃어버린다면 도리어 글의 가치가 상실될 수 있기에 주의해야 한다. 진정 글의 가치를 살리는데 주안점을 두어야 하기 때문이다. 이런 점에서 이 글이 얼마나 멋진 글인가. 곽 작가가 쓴 「작은 도전—미국 여행기」 서두를 살펴보자.

나는 평소에 할 일이 있으면 혼자서라도 주저하지 않고 실행에 옮기는 편이다. 50대 초반의 나이에 지금 사는 영흥도에서 인천의 대학에 다녔으며 졸업 후 다시 영어영문학 석사학위를 받기까지 공부했고 그 이후에도 뭔가 배울 것이 있거나 활동을 위해서는 거리의 원근을 막론하고 혼자서 잘 찾아다녔다. 그랬는데 혼자라는 것에 부담을 느낀 일이 있다. 몇 해 전, 14일 일정으로 단체여행팀에 속해 혼자 미국 여행을 하게 됐을 때의 일이다.

마음으로는 진작부터 가고 싶었지만 처음에는 여행비를 마련하지 못했다. 경비가 마련된 다음에는 하던 일을 마무리하느라 몇 달간 미뤄야만 했다. 여행을 떠날 수 있는 시간이 다가오자 남편과 친구 중 어느 누구라도 같이 갈 사람이 있을 줄 알았는데 각자 하는 일이 있어서 시간이 맞지 않았다. 같이 갈 사람 하나 없이 먼 길을 떠난다는 것이 이렇게 부담스럽게 느껴질 줄은 미처 생각하지 못했다. 출발일이 코앞에 다가오자 여행에 대한 기대와 설렘은 어디론가 사라지고 낯설고 물 설은 곳에서 나 혼자 감당해야 할 스트레스로 몸살이 날 지경이었다.

 출발하는 날, 날씨마저 우리의 여행을 축하해 주는 듯 청명했다. 오후 3시 인천공항을 출발하여 미국 로스앤젤레스로 향하는 비행기에 올랐다. 맨 처음 일정인 유니버설 스튜디오에 다녀와서 숙소에 들었다. 혼자 자려니 괜히 불안해서 객실 문이 제대로 잠겨졌는지 다시 확인해 봤다.

      —『월간문학』 2020년 10월호

윗글에서 보듯 작가는 작품 속에 직접 등장하여 사건을 이끌어 가고 있다. 뿐만 아니라 글쓴이의 사상과 감정이 잘 유로되었기에 작가의 숨소리까지 들리는 듯하다. 이같이 다른 문학과 특이하게 다른 점이 수필문학의 특징이다.

 곽인화 수필가의 특이한 점은 만학(晩學)이다. 50대 초반에 대학과 대학원에서 영문학을 전공했다는 점이다. 인내와 투지가 남다르다. 끈질긴 집념이 있기에 보통은 10대에나 꿈꾸었을 영문학을 50대에 도전한 것이다. 성실히 삶을 이끌어 오면서도 꿈을 이룬 것이다. 삶의 수단으로 무엇을 이루기 위한 것이 아니라 그는 인생의 목표의 꿈을 이루기 위한 것이다. 얼마나 남다른가? 여기에 대해선 침묵으로 일관하고 있지만 평소에 곽 수필가가 한 말을 미루어 보면 알 수 있다. "내가 한 번 결심한 일은 어떠한 난관이 있을지라도 기어이 이루어 내고 만다." 이러한 그의 인생관에서 이루어진 인격이 오늘의 인품을 이루어 낸 것이 아닌가 여겨진다.

다음은 곽인화 작가의 문학 활동을 통하여 그윽한 인간미를 살펴보자. 평자는 10여 년간 같이 문학 활동을 해오면서 느낀 바는 곽 작가가 여느 사람도 흉내 낼 수 없는 인간의 그윽한 성실성을 지니고 있음을 발견했다. 나뿐만 아니라 다른 많은 사람도 이에 공감할 것이다. 이처럼 인간성이 풍부하다. 한 번 약속한 일이면 어떠한 경우일지라도, 모든 어려움을 인내하면서까지 철저하게 지키는 성실성은 어느 누구도 따를 수 없다. 어쩌면 그분이 지닌 철학이라고 할까, 아니면 오랜 신앙으로 닦아온 결과라고 할까. 어쨌든 믿음직스러운 분임에는 틀림이 없다. 그래서인지 리더십도 강하다.

그분의 삶을 보면 숙명대로 살면서도 검약과 근면이 뛰어나다. 때로는 부군을 따라 농사에 전념하기도 하고 틈틈이 학문의 깊이까지 탐독하는가 하면 지역문화관광해설사 등 다양한 사회활동에 참여하는데 그 생활 자세는 누구나 본받을 만하다.

곽인화 작가가 쓴 「작은 도전」인 미국 여행기인 수필에서도 말했듯이 "50대 초반 인천에 있는 대학에서 영어영문학 석사학위를 받기까지 학문에 전념했고 그 이후에도 무언가 배울 것이 있다면 거리의 원근을 막론하고 혼자서 찾아다녔다."고 했다. 얼마나 배움의 집념이 강한 분인가를 짧은 글에서도 여실히 드러나고 있다.

이번 작품을 봐도 그렇다. 몇 해 전부터 가고 싶었지만 처음엔 여행비를 마련하지 못했다. 경비가 마련된 다음에는 하던 일을 마무리하느라 몇 개월간 또 미뤄야만 했다. 정작 여행을 떠나야 할 때에는 남편도 친구 중 어느 누구도 같이 갈 사람이 없었다. 각자 하는 일에 바쁘다 보니 시간이 서로 맞지 않아 같이 갈 사람이 없었다. 먼 길을 혼자 떠난다는 게 이렇게 부담스럽게 느껴질 줄을 미처 생각지 못했다. 출발일이 코앞에 다가오자 여행에 대한 기대와 설렘은 어디론가 사라지고 낯설고 물 설은 곳에서 혼자 감당해야 할 스트레스로 몸살 날 지경이었다고 했다.

출발하는 날, 날씨가 우리의 여행을 축하라도 해주는 듯 청명했다. 오후 3시 인천공항을 출발하여 미국 로스앤젤레스로 향하는 비행기에 올랐다. 맨 첫 일정인 유니버설 스튜디오에서 이모저모를 구경한 뒤 숙소에 들었다. 혼자라서 불안하기에 객실 문이 제대로 잠겨졌는지 다시 확인했으나 이상이 없었다. 다음 날이다. '로스앤젤레스'에서 '바스토우'로 향하는 도중에 바지 안에 찬 전대가 보이지 않아 놀란 가슴을 쓸어내렸던 일, 한 비행기에 탑승한 여행자들 모두가 가족 친지로 팀을 이루어 여행하고 있었으나 여자의 몸으로 여행하는 사람은 오직 '나' 혼자뿐이었다는 사실을 알게 되었을 때의 긴장감. 7일간의 서부여행 마치고 동부행 비행기 탑승할 때 내 옆 자석에 나란히 예약된 한 가족 4명이 비행기에 탑승하지 않았다. 그때 긴장

된 마음으로 내가 제대로 탑승했는지 승무원에게 물었으나 제대로 탑승했다고 한다. 비행기는 샌프란시스코를 정시에 출발하여 5시 30분 만에 뉴욕 케네디 공항에 도착했다. 가이드를 만나서 알아보니 식사를 하다가 탑승 시간을 놓쳐 2시간 후에 출발하여 이곳으로 오는 비행기를 타고 지금 오는 중이라고 했다.

　그때뿐만 아니었다. 그들은 미국 여행을 다 마치고 뉴욕을 떠나 한국으로 오는 날에도 역시 그랬다. 당연히 그들과 함께 한국에 올 줄 알았다. 그런데 그날도 나 혼자였다. 무슨 일일까. 가이드에게 또 물었다. 그들은 '맨해튼'에서 일주일간 더 머물기로 했다"는 것이다. 그 말을 듣는 순간 참으로 어처구니가 없었다. 그렇게 무심(無心)할까. 사전에 일주일간 미국에서 더 머물고 갈 터이니 잘 가라는 따뜻한 인사 한마디쯤은 해도 될 터인데 그렇게 쌀쌀할까.

　그간 여행 도중에 곽 작가가 가슴을 쓸어내리거나 긴장의 연속됨은 무엇 때문일까? 이국 만리(異國萬里)를 홀로 여행했기에 그랬을 것이리라고 여겨지지만 한편으로는 따뜻한 인심이 메말랐기 때문이 아니었을까? 공항까지 배웅해 준 미 동부의 가이드는 헤어질 때 따뜻한 말로 "혼자 미국 여행을 했으니 앞으로는 어느 곳에 가든지 자신 있게 여행을 잘할 것이다."라고 격려와 칭찬을 아끼지 않았다고 하니 어찌 비교가 되지 않겠는가?

참으로 아쉽다. 물론 그런 사람을 만났기에 그러했을 것으로 여겨지지만 우리 사회가 예전과 같지 않고 따뜻한 인심이 식어가니 가슴 아픈 일이기에 하는 말이다. 우리 사회가 앞으로 어떻게 될까. 앞 세대는 그들이 주도하는 사회가 될 터인데 다음 세대는 얼마나 힘든 삶이 될 것인가. 우리들이 바로 잡아주지 않는다면 앞으로의 사회는 어찌될까. 진정 염려스럽다.

2주 전, 한국을 떠날 때 혼자라는 마음의 부담 때문에 많은 걱정을 안고 탑승했다. 그때부터 긴장된 마음으로 서부의 '나이아가라'에서 본 이국적인 풍경, 동부에서 미(美) '국회의사당,' '백악관,' '재퍼스기념관'을 둘러보면서 섬세하면서도 웅장한 건축미를 관심 있게 바라보았다. 참으로 볼만 한 건축미라 느껴졌다 한다.

특히 '링컨기념관' 앞 공원은 1950년도 한국전쟁 당시 참전하여 전사한 미군과 유엔군의 희생정신을 기리기 위해 건립된 공원이다. 그곳에 당시 참전했던 용사의 얼굴이 49미터의 화강암에 새겨져 있었고 그 앞에는 수많은 참전용사의 동상이 건립되어 있었다.

나는 감동했다. 그들은 인류의 자유를 수호하기 위해 남의 나라 전쟁에 목숨을 바친 그 거룩함이 얼마나 숭고하고 아름다운가. 그의 마음을 깊이 되새기면서 그들 앞에 진심 어린 묵념이 이루어졌다. 인류 종말에 이르기까지 찬란히 빛나는 그들의 정신이었다. 영령들이여! 고이 잠드소서. 당신들의 고귀한 정신을 결코 잊지 않겠습니다. 다짐하기도 했다는 작가의 말이다.

이곳에 새워진 참전용사의 기념관은 미국 내에서 모금한 성금으로 건립했는데 이를 '한국전쟁 참전용사 기념공원'이라고 명명했다고 한다. 그들은 당시 한국이 어디에 붙어 있는지조차 모를 정도인데도 진정 무엇을 위하여 젊은 생명을 바쳤을까? 우리들은 그들의 고마운 마음씨를 깊이 되새기면서 자유의 소중함을 인식하며 보다 발전된 민주주의 역사를 이룩해야 할 것이다. 이 길만이 그들의 피에 보답하는 길이 될 것이기 때문이다.

마지막으로 '작은 도전'에 성공했으니 "맘껏 개선가를 불러도 좋을 것이다."란 끝맺음을 조용히 살펴보자. 그러면 작가의 인품을 짐작할 수 있으리라.

미국 여행을 마치고 뉴욕을 떠나 한국으로 가는 날, 당연히 서부에서 동부로 함께 온 일가족 4명과 같이 가는 줄 알았는데 그들은 맨해튼에서 일주일을 더 머물기로 했다고 한다. 미국 공항에서 출국을 제대로 할 수 있을까? 갑자기 긴장이 됐다. 가이드가 공항에서 헤어지기 전, 그는 "혼자 미국에 와서 잘 다녔으니 앞으로는 어느 곳이든 다닐 수 있을 것."이라고 말했었다. 2주 전, 한국을 떠날 때는 혼자라는 마음의 부담을 안고 출발하지 않았던가. 돌아오는 비행기 안, 그동안의 여행으로 몸은 비록 무겁지만 마음은 새털처럼 가볍다. 뉴욕에서 14시간 걸려 인천공항에 무사히 도착했다. 이번 여행을 다녀옴으로 해서 내가 여행을 얼마나 좋아하는지 알게 되었고 작은 도전이지만 성공했으니 개선가를 불러도 좋을 것이다.

   독자들도 본 여행기를 읽으면서 마음의 박수를 보냈을 것이다. 주위 사람들이 어떻게 대하든 묵묵히 지켜볼 뿐 그들을 탓하거나 원망하지 않고 그럴수록 정신을 가다듬고 여행을 한 것은 본받을 만하다.
   낯설고 물 설은 이국 여행일지라도 여행다운 여행을 마칠 수 있었던 것은 침착성이 있었기 때문이요, 그간 모든 일을 혼자 해결하는 그 능력을 꾸준히 길러왔기에 그 담력이 주어진 것이다. 곽인화 작가의 깊은 정신력을 높이 평가하며 삶의 지혜와 삶의 자세를 본받아야 할 것이라 여겨진다.

영흥도의 풍광과 그 매력
―《옹진문화》 1호(2018년) 발표

영흥도는 인천광역시 옹진군에 속한 도서지방으로서 본래 주민들은 농업과 어업으로 생계를 이어온 터라 섬마을의 특유한 순진미와 단순미가 어우러진 청정마을이었다. 거기에다 2001년에 이곳에 화력발전소가 들어오고 영흥대교와 선재대교가 개통되면서 사실상 섬이 아닌 섬으로 탈바꿈되어 개발이 이루어졌다. 지금은 주민의 반 정도가 발전소, 펜션, 식당 등 이에 관련된 일들을 하고 있다. 현재 육천여 명이 살고 있는데 이곳을 찾는 관광객들도 하루가 다르게 늘어나고 있다.

인천시청에서 1시간 정도면 이곳에 올 수 있고 서울·경기지역에서 영흥도에 오려면 시화방조제를 지나온다. 방조제에 들어서면 바다 오른쪽에 송도신도시와 인천대교가 보이고, 왼쪽에는 시화호의 아름다운 모습에 다른 세상에 온 것 같은 기분이 들기도 한다. 하늘에는 인천국제공항으로 향하는 비행기가 고도를 낮추어 착륙하려는 모습을 볼 수 있다. 방조제를 지나 20분쯤 달리면 시원하게 뻗은 '선재대교' 위를 지난다. 왼쪽에 보이는 목섬과 측도는 보는 것만으로도 아름답지만 썰물 때에는 섬까지 걸어서 들어갈 수 있는데 이 때 해풍과 함께 걷는 그 낭만은 걸어본 사람만이 느낄 수 있을 것이다.

　물때를 맞추어 찾아온 관광객들은 부드러운 모랫길을 따라 걷다 보면 목섬을 만나는데 그 입구에 '어촌체험마을'이 있다. 그곳에서 관광객들이 직접 갯벌에 들어가 바지락, 칠게 등의 수산물을 잡을 수 있는데 운이 좋으면 선재에서 조업을 마치고 들어오는 어선을 만나 싱싱한 해물을 구입해 요리해 먹을 수 있다. 또한 방금 생산된 바지락을 잔뜩 쌓아놓고 까고 있는 아주머니를 볼 수 있고, 가을이면 직접 잡은 망둥이와 생선을 줄 맞춰 공중에 매달아 말리는 모습은 한 폭의 그림이다. 시야에 펼쳐진 해변의 풍경, 탁 트인 망망한 바다의 모습은 그야말로 장관을 이룬다.
　이제 현대건축술을 자랑하듯 위용을 떨치고 있는 '영흥대교'를 건너가 보기로 한다. 영흥도에는 십리포해수욕장, 장경리해수욕장이 가장 큰 해변이다. 두 군데 모두 밀물 때는 해수욕을 즐기고 썰물 때는 갯벌체험을 할 수 있으니 이만한 곳이 또 어디 있을까? 십리포해수욕장은 영흥대교에서 10리 떨어져 있다고 해서 붙여진 이름으로, 옹진군이 자랑하는 9경 중 제3경에 속할 정도로 영흥도를 대표하는 관광명소이다. 자갈이 섞인 해변, 고운 모래해변을 모두 가지고 있다.
　이 밖에도 일반인들에게 잘 알려지지 않았지만 전쟁의 상흔도 간직하고 있다. 고려시대의 영흥도는 대몽항쟁을 벌였던 삼별초의 활동 무대였으며, 다른 서해도서와 마찬가지로 고려 귀족과 원 왕족들의 귀양지이기도 했다. 또 6·25 전쟁 시에는 해군첩보부대가 주둔하여 인천상륙작전 전초기지로 사용됐다. 이때의 숭고한 업적을 기리기 위해 '해군영흥도전적비'가 세워져 있기도 하다.

영흥 갯벌에는 바지락, 참굴, 박하지(민꽃게)가 주로 생산된다. 바지락은 산란기인 7월 초순부터 8월 중순까지를 제외하고는 어촌계원들이 채취하고 있다. 그 외에도 당도가 높은 포도를 생산하고 있다. 당도가 높을 뿐 아니라 향기가 뛰어나다.

이번에는 마을로 들어가 보자. 내가 살고 있는 내리에는 고래 등 같은 기와집이 한 채 있다. 남편은 그 집이 영흥에서 가장 부자가 살던 집이라고 했다. 전통 한옥의 아름다움에 끌려 여러 번 그 집에 갔었다. 사람이 살지 않았는데 2012년 5월에 부인과 아들이 내려와 살고 있어 들어가 볼 수 있었다. 말끔히 수리되었고 보존이 잘 된 편이었다. 후에 '옹진군지'를 보고 이 집이 1930년대에 "영흥도 내동에는 큰 부자이며 일본 동경 와세다대학에 유학한 임원배라는 인물이 내동 개와집 주인이었다."라고 쓰인 바로 그 집이라는 것을 알 수 있었다.

이곳의 오래된 집은 바람이 센 바닷가 지역의 특성상 'ㅁ'자 형태를 가지고 있는데 100년이 되었다는 집에 가보았다. 지붕은 함석으로 개량했지만 내부는 그대로 보존이 되어 있었다. 숭례문 복원작업에 참여하여 '철물'을 담당하신 분이 대장간을 하신다. 시간이 맞으면 호미나 못 등을 만드는 모습을 직접 볼 수도 있을 것이다.

또한 영흥도는 평택임씨 집안의 집성촌이다. 내4리의 버드니마을에는 '임세재사당(林世載祠堂)'이 있다. 이곳에는 영흥도 거주 평택임씨(平澤林氏) 일가의 17세기 말~19세기 말 200여 년간의 준 호구(准戶口) 50점과 호구단자(戶口單子) 1점 등 총 51점의 호적 자료가 보관된 곳이다. 끝으로, 1980~1983년 동안 3년간 영흥면장을 지낸 분이 살고 있었다. 그 집 뜰에는 멋있는 돌이 세워져 있는데 인천수산연구소 주변의 바다를 메울 때 수장될 뻔한 돌이라고 하였다. 시골답게 염소도 기르고 있었다.

내가 영흥도에 살게 된 계기는 이곳이 고향인 남편과 결혼했기 때문이다. 이곳에 처음 내려왔을 때는 어릴 적부터 도시 생활만 해 온 탓인지 처음에는 무척 답답하게 느껴졌다. 그러나 세월이 흐르자 언제 영흥도와 정이 들었는지 작고 조용하게만 보이던 이곳이 참으로 포근하게 느껴졌다. 보면 볼수록 섬의 형상과 바다의 아름다움에 매료되어 이곳에 정착한 지 어언 20여 년이 되었다. 앞으로도 이곳에서 오래도록 살고 싶고 길이길이 안주하고 싶은 심정이다. 나뿐만 아니다. 영흥도를 자주 찾는 이들도 이곳 자연의 풍광에 흠뻑 빠져 있기는 마찬가지인 듯하다. 한 번 찾아온 사람이 자꾸 찾아오는 것을 보면 그런 의미가 아닌가 여겨진다.

주사를 맞는 그 고통
―《옹진문화》 2호(2019년) 발표

우리는 살아가는 동안 여러 가지 힘든 일을 겪게 된다. 그럴 때마다 어느 정도 고통에 대한 내성이 생기기 마련이라서 웬만한 일은 참고 견딘다. 그런데 도무지 내성이 생기기는커녕 항상 두렵고 나를 긴장 시키는 것은 바로 '주사를 맞는 일'이다.

나는 지난 2006년도에 중국에서 간이식 수술을 받았다. 그 이후, 귀국하여 건강관리를 위해 10주에 한 번씩 병원에 다녔다. 으레 그렇듯 병원에 오면 먼저 채혈을 하고 그 후에 헤파빅 링거주사를 맞는다. 혈액검사 수치에 따라 먹는 약 '프로그랍'의 양(量)과 주사 맞는 주기가 정해진다.

몇 년 전의 일이다. 담당 의사는 다음에 올 때는 평소에 1시간 전에 하는 혈액검사 외에 컴퓨터 단층 촬영(이하 CT)을 하라고 하였다. 나는 손목에 굵은 주삿바늘을 꽂을 생각만 해도 가슴이 철렁 내려앉았다. 몹시 아프지만 내가 선택할 수 있는 방법은 달리 없었다. CT 촬영은 다양한 각도에서 X선을 쏘아 인체 단면에 대한 영상 정보를 제공하는 것인데 손목 혈관에 주삿바늘을 꽂은 채로 그 촬영대에 누워 사진을 찍다가 주삿바늘에 약물을 투여하는 것이다. 주사액이 온몸에 퍼질 때 몸이 후끈하면서 마음이 조마조마한 채로 촬영이 진행되곤 했다.

정해진 날에 병원에 왔다. 기본적인 검사를 위한 채혈을 마친 뒤 CT촬영을 위한 주사실에 갔다. 간호사는 손목의 혈관에 주삿바늘을 꽂았다. 엄청나게 아팠다. 그런데 혈관에 주삿바늘이 제대로 들어가지 않았다고 하여 다시 뺐었다가 안쪽으로 더 깊숙이 꽂아 넣는다. 한 번도 겁이 나는데 두 번이나 주삿바늘을 뺐었다가 꽂으니 이럴 때가 제일 괴롭다. 간호사는 "혈관이 나왔다 들어갔다 하기에 그렇다"면서 "다른 간호사에게 한 번 더 하자"고 했지만 난 "그만하겠다"고 했다. 그랬더니 "의사와 통화를 해봐야 하니 외과에서 기다리라"고 했다. 난 외과의 간호사에게 이러한 사정을 말하고 나서 통화가 이루어지기를 내내 기다렸다. 이런 일을 살아있는 한 계속 해야 한다고 생각하면 아프기도 하지만 서글프기도 하다. 물론 살아있기에, 이런 고통쯤은 감수해야 한다고 마음을 단단히 고쳐먹지만 서러운 마음이 가시지 않는다.

외과 앞에서 한참을 기다린 끝에 오늘은 CT촬영을 하지 않아도 된다는 확인을 받았다. 늦었지만 나도 헤파빅 주사를 맞고서 의사를 만났다. 다음엔 초음파 검사를 하자는 말을 듣고 집으로 돌아오는데 발걸음이 퍽 가벼웠다. 며칠이 지났어도 주삿바늘이 꽂혔던 팔목 주변의 통증은 아직도 가시지 않는다. 다음엔 CT검사 대신 고통이 없는 초음파 검사를 받을 생각에 퍽 위안이 된다.

약 15년 전 수술 한 지 얼마 되지 않아서 하루에도 몇 번씩 주사를 맞고 있을 때였다. 어떤 때는 서툰 간호사가 놔주는 주사가 어찌나 아픈지 수간호사에게 주사를 부탁하기도 했다. 하지만 그분이 항상 와줄 수는 없는 실정이 아닌가?

지금 맞는 정주용 헤파빅 주사가 나오기 전에 맞았던 근육용 헤파빅 주사도 바늘이 굵다. 한번에 안 돼서 다시 찔러야 할 때도 여러 번 있었다. 수술 후 얼마 되지 않았을 때는 주사 한 번 맞으려면 최소한 3시간은 걸렸다. 게다가 어느 날은 주사의 부작용으로 온몸이 너무 춥고 떨려서 어찌할 줄 모를 때도 있었다. 약이 천천히 들어가도록 해도 고통은 멈추지 않아서 중단했다가 다시 맞은 적도 있었으니 그 고통이 얼마나 심했던가를 말로 표현하기 어렵다. 지금은 정주용 헤파빅 주사를 약 1시간 만에 고통 없이 맞을 수 있으니 전보다 훨씬 좋아졌다. 주사를 맞고서 담당 의사를 만나기 위해 기다리고 있노라면 병원 진료를 마치고 급히 가야 할 데가 있는데도 대기자 명단이 좀처럼 줄어들지 않는 경우가 있다. 환자 진료하느라 시간이 많이 걸릴 수도 있겠지만 진료 외의 사사로운 일로 지체되는 건 아닌지 의구심이 들기도 한다.

오늘, 정기검진 날이었다. 헤파빅 주사를 맞으려고 주사실 침대에 누워있는데 오늘따라 몹시 피곤해서 눈을 뜨기도 어려운 상태였다. 그런데도 주사를 맞을 생각에 긴장이 됐다. 그때 내가 익히 아는 그 간호사의 목소리가 나를 향해 들려왔다. 그 간호사는 아프지 않게 놓고 그 비싼 헤파빅 주사가 끝까지 들어가도록 알뜰하게 놓아준다. 매사가 이같이 친절하니 그분의 목소리만 들어도 안심이 될 정도로 그 간호사의 심리치료술(心理治療術)이 뛰어나다. 그러기에 나는 '간호사님의 목소리만 들어도 안심이 된다.'고 말했더니 그 간호사는 "오늘 힘들었는데 그 말씀을 들으니 앞으로 더 열심히 돌봐드려야겠다는 생각이 드네요."라고 말하는 것이 아닌가. 바로 이분이 '백의의 천사'가 아닐까?

미얀마 자유여행을 마치고
—《옹진문화》 4호(2021년) 발표

만달레이를 향하여

나는 국내건 해외건 여행하길 좋아한다. 올해는 물론 작년 2020년 초 국내에 발생한 COVID-19로 인해 해외여행을 하지 못했다. 2019년 12월, 열흘간 가족과 함께 다녀온 미얀마 여행을 추억하며 해외에 가지 못하는 아쉬움을 달래고 싶다. 미얀마는 135개 소수민족으로 구성된 연합국가이며 한반도의 약 3배의 면적이다. 기후는 보통 3계절로 나뉘는데 여름인 3월~5월은 미얀마 전역이 대체로 더워서 바간은 한낮 최고기온이 40℃ 이상 올라가기도 한다고 하여 우리는 여행하기에 가장 좋은 11월~2월에 속하는 건기를 택했다.

인천공항에서 출발하여 방콕에서 8시간을 머무른 후 환승하여 목적지인 만달레이에 도착하기까지는 16시간 정도 걸렸다. 만달레이는 한국보다 2시간 30분이 늦다. 공항에 도착하니 코이카(한국국제협력단) 해외봉사단으로 파견돼서 만달레이에 거주하는 남동생이 마중을 나왔다. 자동차로 1시간 만에 만달레이 시내에 있는 동생 집에 도착했다. 우리를 환영하는 의미로 현관 옆에 국화로 꽃꽂이를 했고 우리가 묵을 방에는 재스민꽃을 걸어 두어 향내가 났다.

꾸도더와 우베인다리

맨 먼저 집 근처에 있는 꾸도더 파야에 갔다. 불교에서 중시하는 '경전 집결'이 개최된 곳으로 돌에 새겨진 가장 큰 책(석장경판)이 있는 곳이다. 각 석장경판은 작고 흰 스투파(건물) 안에 하나씩 세워져 보관되어 있는데 1만 6천 평의 대지에 줄지어 빛나는 흰 스투파의 풍경이 몹시 인상적이다. 모든 사원 입구에는 신발 보관소가 있어 신발을 벗어두고 맨발로 다닌다.

그다음 아마라뿌라 지역에서 인기 있는 여행지이며 미얀마를 소개하는 풍경엽서에 단골로 등장하는 우베인브리지에 갔다. 1.2km의 길이인데 티크 나무로 지어진 다리로는 세계에서 가장 길고 오래된 것으로 알려져 있다. 다리 위를 걸으며 이곳의 가장 아름다운 순간인 일몰을 마음껏 감상했다.

다음 날 아침, 동네에 있는 재래시장을 구경하고 식당에서 아침 식사로 모힝가와 이짜이꿰이를 먹었다. 모힝가는 현지인들이 주로 아침 식사로 즐겨 먹는 국수다. 오리지널 모힝가는 메기를 육수로 사용하지만 식당마다 다양한 민물 생선을 사용하기도 한다는데 길옆 테이블에 앉아서 지나가는 사람을 구경하며 먹는 맛이 괜찮았다. 미얀마 거리에는 흔히 볼 수 있는 '예오'라고 불리는 물 항아리가 있다. 자기 집 앞을 지나는 나그네를 위해 물과 물컵을 준비해 놓는다. 미얀마 내에서 불교 신자의 수는 압도적이라고 하는데 길에서 스님들이 탁발하는 모습을 흔히 볼 수 있었다. 미얀마가 속한 상좌부 불교에서 스님들은 하루 두 차례 식사하고, 그 이후 다음 날 아침 식사까지는 물만 허용되며, 그사이는 일체의 식사를 금하는 수행법을 따른다고 한다.

▶ 우베인 브리지에서

삔우른 빼익친먀웅과 국립 깐도지 정원

오늘의 목적지인 삔우른은 만달레이에서 동쪽으로 67km 거리인데 해발 1,070m의 산 고원이어서 그런지 피부에 닿는 온도부터가 달랐다. 기후가 좋아 사시사철 꽃이 피고 과일이 열려 과일로 만든

잼과 과일 와인, 커피 등의 재배가 잘 되는 것으로 유명하다. 맨 먼저 빼익친먀웅에 도착했다. 이곳은 동굴 사원으로 석회암 동굴이다. 동굴 입구의 폭은 약 6m, 동굴의 길이는 500여m로 볼거리가 많았다. 현지인들은 벽에서 떨어지는 물이 피부질환에 치유 효과가 있다며 물을 담아가기도 한다고 한다.

국립 깐도지 정원은 국립 식물원이었다가 2000년도에 국립 깐도지 정원으로 정식 명칭을 지정, 휴양정원으로 공개했다. 정원 안에는 다양한 조류, 화석, 나무 등이 있어 대충 둘러본대도 최소 2시간은 걸릴 정도로 넓다. 마침 '행사'라서 입구부터 무척 혼잡했지만 생화로 멋지게 꾸며놓아서 구경을 잘했다. 숙소로 돌아오니 만달레이보다 온도가 8~10도 정도 낮아서 이불 위에 추가로 담요를 덮고 자야 했다.

이곳은 마을 곳곳에 남아있는 영국식 건물 덕분에 이국적인 분위기가 물씬 풍긴다. 영국 총독관저에 가서 박물관을 관람하고 나오는 길에, 책에서 본 올 세인츠 교회 건물이 보이기에 들어갔다. 겉은 물론 내부도 깨끗한 걸 보니 지금도 예배를 드리는 걸까. 점심때가 되어 카페 겸 음식을 파는 빤더윈 식당에서 한국인 부부를 만났다. 우리의 말소리를 듣고 한국인임을 아셨다며 식사가 끝나기를 기다려 그곳 명물인 드립커피를 사 주셨다. 핀우린의 인구는 30만 명이고 만달레이는 100만 명 정도라고 하셨다.

▶ 삔우른의 국립 깐도지 정원

묘마시장에서 만난 네팔에서 온 자매들

삔우른의 마지막 일정으로 중앙시장인 묘마 시장(Myoma Market)에 갔다. 야트막한 내리막길을 따라 채소, 생선, 꽃 등을 파는 상점이 늘어서 있는 재래시장이 펼쳐진다. 론지(미얀마 전통복)를 사려고 상점에 가니 네팔에서 왔다는 자매의 동생이 주인이었다. 자매의 언니는 신발가게를 한다고 한다. 남편 것은 동생이 주었는데 남편은 그 론지가 편하다며 여행 내내 입고 다녔다.

밍군의 유적지와 마하무니 파야

▶ 밍군의 신뷰미 파야

오전 9시에 밍군으로 향하는 배를 타기 위해 7시에 똠베인(삼륜차)을 타고 만달레이의 미얀찬선착장으로 출발했다. 밍군은 만달레이에서 에야와디강의 서쪽 연안으로 약 7km 거리에 있다. 밍군은 작은 강변 마을이지만 세계 최대의 전탑인 밍군 파야와 세계에서 두 번째로 큰 밍군벨, 아름다운 신뷰미 사원이 있는 곳이다. 낮에는 섭씨 30도 정도 되지만 아침이라 몹시 추웠다. 시간이 일러서 배표를 팔지 않아 근처에서 밀크티를 한 잔씩 마시며 몸을 녹였다. 관광객은 주로 서양인인데 한여름 옷차림이다. 배에서 일하는 현지인은 겨울옷 차림이어서 이곳 온도를 짐작할 수 있었다. 밍군에서 세 군데를 모두 다녀오니 배 시간이 임박해서 점심 먹을 시간도 빠듯했다.

 만달레이에 도착해서 미얀마 온 국민이 추앙하는 마하무니 불상이 있는 마하무니 파야에 갔다. 마하무니 불상은 순례객의 발길이 끊이지 않는 덕분에 금박으로 덧씌워져 울퉁불퉁한 모습을 하고 있다. 금박의 두께가 15cm가 넘는다고 한다. 이곳에서 신쀼의식을 치르는 한 무리의 사람들을 보았다. 미얀마의 신쀼의식은 미얀마에서 불교가 차지하는 비중이 어떤지를 보여준다. 신쀼의식은 9~12살의 소년이 치르는 것으로 이때는 가장 화려한 의상과 화장을 하고 승려의 주도로 거행된다. 행렬을 마치고 나면 장식했던 모든 의관을 수행복으로 갈아입고 삭발한 후 출가하여 단기 승려로서 최소 7일에서 본인이 원하는 만큼 수행한다.

열쇠 사건

　동생이 사는 동네에서 보니 집 앞에 개들이 살고 있었다. 자기 구역 안에서만 살고 남의 구역 개들과는 늘 신경전을 벌인다고 한다. 미얀마 사람들 대부분은 개를 기르지 않지만 자기 집 앞의 개에게는 물과 음식을 공급하며 개의 배설물은 집주인이 치운다고 한다.

　어느 날, 식당에서 저녁 식사를 하고 집 앞에 도착했을 때였다. 개들이 밤에는 공격적으로 변하므로 동생은 우리가 먹고 남은 음식을 싸 와서 집 앞의 개들에게 나누어 주면서 개들의 주의를 끌려고 했다. 개들이 음식을 먹는데 정신이 팔려있는 동안 우리를 안전하게 대문 안으로 빨리 들어가게 하려고 했다. 그런데 마음이 앞서다 보니 그만 열쇠 꾸러미를 바닥으로 떨어뜨렸는데 대문 앞에 있는 하수도로 쏙 들어가 버렸다. 현관 열쇠는 복사를 한다 해도 집 열쇠는 하나 뿐이라서 사람을 불러야 하나로 예상치 못한 일에 당황하고 있었다.

　그때였다. 이 모습을 목격한 마을 사람 둘이 지체하지 않고 기다란 쇠막대를 가져와서 함께 그 무거운 콘크리트 뚜껑을 열었다. 동생은 긴 철사를 이리저리 찔러서 열쇠의 위치를 확인했다. 자신의 열쇠임에도 선뜻 들어가기를 머뭇거리고 있는데 맞은편에 사는 미얀마인이 그걸 보자마자 하수도로 내려가서 열쇠 꾸러미를 손으로 건져주고는 사라졌다. 순식간의 일이었다. 덕분에 우리는 안도했고 동생은 작게나마 성의를 표시했다. 인도인이 쇠고기를 먹지 않듯 미얀마인은 개고기를 먹지 않는다고 한다.

바간의 사원들

　오전 6시에 바간으로 출발했다. 바간은 미얀마 불교의 정점이자 이번 여행의 하이라이트라고 할 수 있는 곳이다. 1996년 유네스코가 세계문화유산 잠정목록에 바간을 추가하면서 발표한 보고서에 의하면, 과거 고대 바간의 건축물은 5,000개 이상이었을 것으로 추정되나 현지인들은 2,300여 개로 추정하기도 한다. 여러 차례의 지진과 습한 기후 때문에 복원 속도는 더딘 편이지만 유적복원작업을 꾸준히 진행 중이다. 우리 차량의 기사가 주유소에서 기름을 넣을 때 알아보니 유가는 한국의 60% 정도로 다른 물가에 비해 비싼 편이었다. 가는 도중 곳곳에서 소몰이꾼이 소 떼를 몰며 지나는 모습을 볼 수 있었다. 민지안 지역에서 샨카우쉐로 아침을 먹었다. 국물 없이 비벼먹는 샐러드 타입으로, 부드러운 쌀 면의 식감과 자극적이지 않은 양념으로 우리의 입맛에도 잘 맞는 국수였다.
　바간에 도착하여 러까난다, 쉐산도, 담마양지 파야를 보았다. 아난다 파야에서 바간 입장권을 구입하고 탓빈뉴파야, 틸로민로, 쉐지곤, 구뱌욱지를 다녀왔다. 몇 년 전만해도 사원의 꼭대기 층에 올라가 전망을 볼 수 있었지만 지금은 금지 돼 있어서 아쉬운 마음에 전망을 볼 수 있는 난민 타워에 갔다.

▶ 바간의 이름 없는 작은 사원에서

 일몰 시간이 돼서 13층 야외전망대에 오르니 웬 카메라와 사람이 그리 많은지 바간 관광객은 모두 여기에 온 것 같았다. 이튿날 일출을 보러 갔다. 가서 한 시간쯤 되었을까. 사방이 훤해지며 해가 뜨고 있었다. 곧이어 수십 개의 열기구가 하늘에 떠 있었다. 오늘 바간의 날씨는 16~32도로 한낮에도 아주 덥지는 않았다. 마누하, 부파야, 마하부디 파야를 다녀와서 바간을 떠났다.

만달레이마리오네트 공연

만달레이는 문화의 도시답게 전통 공연이 유명하다. 1시간 동안 여러 가지 공연을 하는데 그중 가장 유명한 것이 마리오네트 인형극이다. 마리오네트는 인형의 관절 마디마디에 줄을 매달아 사람이 조종하는 인형극이다. 내용은 인도의 대서사인 라마야나 신화를 다루고 있는데 내용에 맞춰 눈을 깜빡이고 팔꿈치나 무릎 등이 굽혀지는 정교한 동작들로 눈을 뗄 수 없게 한다. 우리가 간 곳은 만달레이에서 가장 유명한 마리오네트 공연장이다. 비록 공연장의 규모는 작지만 전통 기능 전승 보유자들로 이루어진 실력 있는 팀이 공연을 펼쳤다. 입장료가 싼 편은 아니나 수준 높은 공연을 관람했다는 생각에 마음이 뿌듯했다.

만달레이에서의 마지막 하루

오늘은 만달레이에 머무는 마지막 날이 될 것이기에 가족들에게 하고 싶은 것을 말해 보라고 했다. 남편은 다른 사람의 의견에 따르겠다고 하고 딸은 동물원과 놀이공원에 가고 싶다고 했다. 나는 쇼핑과 마사지를 원했다.

▶ 째조시장, 머리를 나뭇잎으로 장식한 여인

 동생은 평소에 마시고 싶었으나 한국보다 비싸서 입맛만 다시다가 이번에 우리 가족에게 대접하고 자신도 먹을 겸 구입했다는 한국산 음료를 내놓았다. 째조시장은 만달레이에 가면 한 번은 꼭 가보라고 하고 싶다. 서울의 남대문, 동대문 시장처럼 도매 시장과 소매시장을 겸하고 있는 느낌이다. 시장이 넓고 품목이 다양했다. 만달레이 동물원을 다녀와 저녁에는 만달레이 APEX SKY BAR에 갔다. 13층에서 밴드의 연주를 들으며 시내의 야경을 감상했다.

미얀마를 떠나며

만달레이를 떠나는 날이 왔다. 미얀마에서의 하루하루가 어찌 그리 빠르게 지나갔는지 아쉽기만 하다. 아침 식사로 동생이 끓여준 삼계탕 국물에 찰밥을 말아 맛있게 먹었다. 우리가 머문 8일 동안, 도착할 때 꽂혀있던 국화가 시들지 않았다. 처음으로 집 건물의 4층 옥상에 올라가 주변을 둘러보았다. 날씨가 맑아 만달레이 힐이 잘 보인다. 다시 만달레이 공항에 도착했다. 이 공항은 우리나라와는 달리 비행기 표나 예약증이 있어야 탑승수속 창구가 있는 곳으로 들어갈 수 있다. 갈 때와 같이 왔던 길을 돌아 인천공항에 도착했다.

지금은 동생도 COVID-19로 철수하여 한국에 있다. 미얀마 여행을 계획하고 바로 실행에 옮기길 잘했다. 비단 여행뿐만 아니다. 어떤 기회를 뒤로 미룬다면 다시는 기회가 없을 수 있음을 또 깨달았다.

▶ 만달레이 공항을 떠나며

앙코르와트 자유여행을 다녀와서
―《옹진문화》 5호(2022년) 발표

씨엠립공항 입국

캄보디아에 다녀온 지 어느덧 6년째다. 이미 캄보디아를 여러 번 다녀온 둘째 동생은 "누나가 캄보디아 씨엠립을 여행할 생각이 있으면 제가 가이드를 해줄 수 있어요."라고 했었다. 난 언제일지 모를 그때를 기대했고 실제로 그날이 왔다. 2016년 12월 6일, 오후에 남편 그리고 동생과 셋이 캄보디아로 출발하여 5시간쯤 걸려 씨엠립 공항에 도착했다. 비행기에서 내려 바로 30일 관광비자를 발급하는 곳에 줄을 섰다. 여권과 사진 그리고 30불을 들고 기다리는 데 내 앞의 사람들은 모두 비자 팁(뒷돈) 1불씩을 들고 있었다. 우리 차례가 되었고 우리가 1불을 내지 않자, 담당자는 태연하게 계산기에 '31'이라고 써줬다. 그래도 모르는 척 가만히 있으니까 하는 수 없다는 듯 여권 받는 곳으로 가라고 했다. 그래서였을까? 비자를 신청할 때는 앞에 몇 명 없었는데, 받을 땐 거의 꼴찌로 받았다. 자정이 가까운 시간에 공항을 나오자 바로 왼쪽에 택시 티켓 부스가 있었고 정당한 요금으로 숙소에 도착했다.

〈소순회 코스 1〉 앙코르 톰 남문, 바이욘, 바푸온

이튿날 오전 8시, 소순회 오전 코스를 돌기 위해 툭툭(Tuk Tuk)을 타고 숙소를 출발했다. 앙코르 유적군 관람 방법은 크게 소순회 코스(Small Tour)와 대순회 코스(Grand Tour)로 나누는데 전자는 앙코르 유적지 중에서 가까우면서 유명한 코스를 둘러보는 코스이다. 후자는 앙코르 유적지를 크게 한 바퀴 도는 코스로 앙코르와트도 여기에 속한다. 먼저 매표소에 들러 앙코르 유적지 입장권을 샀다. 사람이 많아 복잡했으나 돈 내고, 사진 찍고, 잠시 기다리면 티켓(입장권)이 나온다. 매일 아침 패스(입장권) 검사하는 곳에 가면 뒷면에 한 달 숫자가 씌어있고 해당 날짜를 뚫어준다. 유적지에 도착할 때마다 입장권과 얼굴을 확인한다.

우리는 3일권을 구입하고 첫 번째 목적지인 앙코르 톰 남문(South gate of Angkor Thom)에 도착했다. 정확히 말하자면 앙코르 톰의 남쪽 탑문은 고푸라(Gopura)라고 한다. 고푸라는 탑으로 된 출입문을 말하는데 신성한 곳으로 들어가는 관문을 상징하며 유적지 입구에서 주로 볼 수 있다. 매일 아침 앙코르 톰 남문을 통과하는 툭툭의 행렬이 장관이다. 앙코르 톰은 12세기 앙코르 왕국의 수도였고 '앙코르'는 거대한, '톰'은 도시라는 뜻이라고. 이 거대한 도시는 수리야바르만 1세가 도시의 틀을 갖추기 시작해서 자야바르만 7세가 바이욘 사원을 개축하고, 성벽과 해자, 테라스를 보충하여 완성한 계획도시다.

앙코르 톰 남문을 통과하여 바이욘(Bayon)에서 내렸다. 앙코르 톰의 동서남북 성문에서 시작된 모든 길은 중심인 바이욘으로 향한다. 동문으로 들어서서 왼쪽으로 돌아가면 1층 외부 회랑을 돌며 근사한 부조들을 감상할 수 있다. 3층 중앙 성소는 유명한 사면상(四面相)의 얼굴을 만날 수 있는 곳이다. 사면 상의 미소는 따뜻하고 신비롭게 보였다. 외국 관광객들이 모두 여기로 모인 듯 사람이 많았다.

▶ 바푸온(Baphuon)에서

바이욘을 나와 바푸온(Baphuon)이 보이는 곳에 자리를 잡고 앉아 휴식을 취했다. 바푸온은 앙코르 유적지에서 앙코르와트 다음으로 큰 사원이라는데 유적지 입구에 1미터 높이의 참배로가 있어 위에서 발아래 유적지를 감상하며 따라 걸어가기 좋다. 2층으로 오르는데 경사가 아주 심해서 손잡이를 꼭 잡고 겨우 올라와 3층에서 기진맥진했다. 잠시 기운을 차리고 내려다보니 풍경은 아주 근사했다. 이 사원은 16세기 무렵 힌두 사원에서 불교사원으로 바뀌는 과정에서 중앙 탑의 석재를 가져다가 와불을 만들었을 것이라고 한다. 지반이 와불의 무게를 견디지 못해서 바푸온 사원 전체가 무너져 내리기 시작해서 '세계에서 가장 큰 퍼즐'이란 이름을 걸고 얼마 전, 복원공사를 마친 것 같다. 말은 잘 통하지 않았지만 '와불'을 보고 싶다는 마음에 현지인에게 '슬리핑 붓다(Sleeping Buddha)'라고 하니 바로 알아듣고 위치를 알려줬다. 2층 기단에 누워있는 75m의 와불은 규모가 커서 어느 정도 거리를 두고서 비로소 확인할 수 있었다.

〈소순회 코스 2〉 피미엔아카, 코끼리테라스, 문둥이왕테라스

크메르의 왕은 매일 밤 '천상의 궁전'이라 불리는 피미엔아카(Phimeanakas)로 향했고 황금탑 가운데에는 머리가 9개 달린 뱀인 나기니가 밤이면 아름다운 여인으로 변하여 왕을 유혹했다고 한다. 바이욘과 바푸온에 다녀오느라 힘이 들어서 이곳은 그냥 통과했다. 나무계단으로 3층까지 올라가면 왕궁터와 목욕탕을 한눈에 내려다 볼 수 있었으련만 좀 아쉽긴 하다. 그런데 그걸 다 보려다간 체력이

달려서 다른 걸 보지 못했으리라. 앙코르톰에서 가장 화려했을 이 왕궁도 천년의 세월은 이기지 못했다. 지금 왕궁터에는 왕궁의 주춧돌과 담장, 왕실의 목욕탕과 성벽과 해자의 흔적만 남아있다. 동쪽으로 나가 고푸라를 통과하니 광활한 왕실 광장이 펼쳐졌다.

광장을 내려다보며 발 딛고 선 단상이 바로 코끼리 테라스 (Terrace of the Elephants)다. 3미터 높이로 쌓은 긴 외벽에 코끼리 조각이 가득 새겨져 있어 붙여진 이름으로 남북으로 300m의 길이이며, 북쪽으로는 문둥이왕 테라스가 이어진다. 난 힘들어서 그곳에 가보지 못하고 대기하던 툭툭을 타고 기다리고 있는데 남편은 코끼리 테라스까지도 걸었다. 문둥이 왕 조각상은 발견 당시에 코와 손, 발이 문드러져 있었고 피부가 이끼로 뒤덮였으며, 실오라기 하나 걸치지 않은 상태가 나병 환자 같다고 하여 문둥이 왕이라는 별명을 얻었다고.

▶ 타케오

〈소순회 코스 3〉 타케오, 타프롬, 스라스랑, 반띠에아이 끄데이

　사원 옆에는 대개 물이 많지만 타케오(Ta Keo)는 물이 바짝 말라 흔적만 남은 동쪽의 바라이(저수지) 앞에 위치한다. 2층 계단을 보기 전까진 미처 몰랐다. 계단이 높고 넓은데다 가파르고 손잡이도 없어 두 손과 두 발을 이용해 올라가야 한다는 것을. 겨우 올라오니 이번엔 3층 성소로 가는 계단이 또 있는 게 아닌가. 중앙탑의 높이가 22m라는데 아래서 보니 훨씬 높아 보였다. 힘들게 올라와 주변을 둘러보니 전망은 좋았다. 내려와서 코코넛 주스로 목을 축였다.
　타프롬(Ta Prohm)은 1939년 발견된 비문에 의하면 사원 이름이 '왕의 수도원'이라는 뜻의 '라자비하라'였는데, 1885년 프랑스 학자가 이곳에서 머리가 5개인 브라흐마석상을 발견한 후 타프롬이라 불렸다고. 타프롬을 둘러보고 나와서 툭툭기사를 기다렸는데 의사소통이 제대로 되지 않았는지 자리에 없어 현지인에게 부탁하여 한참을 기다려 만났다.
　스라 스랑(Srah Srang)은 왕의 목욕탕이었다는 저수지인데 앞에서 사진만 찍고 맞은편에 위치한 반띠에아이 끄데이(Banteay Kdey)에 갔다. 입구의 고푸라를 보면 부처의 얼굴이라고도 하고, 자야바르만 7세의 얼굴이라고도 하는 바로 그 얼굴로 자야바르만 7세의 유적임을 알 수 있다. 이곳은 불교사원이라 성소 한가운데에는 주황색 가사를 두른 부처가 맞이한다. '반띠에이'는 성채, '끄데이'는 방

이라는 뜻으로, 수많은 방을 가진 웅장한 성을 연상할 수 있는 큰 사원이다. 이곳은 복원한 유적도 더러 있지만 쓰러지려는 건물을 나무로 기대 놓은 데가 많이 보인다.

▶ 코끼리 테라스

〈대순회 코스〉 프레야 칸, 네악 포안, 타 솜, 동 메본, 프레 룹

▶ 앙코르와트의 남쪽 탑 문

오늘도 앙코르와트 해자 옆길을 지난다. 이곳은 지날 때마다 그 아름다움에 감탄한다. 앙코르톰 남문 다리의 서쪽에는 고깔모자를 쓰고 온화한 표정을 짓는 선신 데바가, 동쪽엔 투구 모자를 쓰고 험악한 인상을 쓰는 악신 아수라가 서 있다. 프레야 칸(Preah Kahn)은 '신성한 칼'이란 뜻이라고. 아버지를 모신 사원인 프레아 칸은 어머니를 위한 사원인 타프롬과 여러모로 비슷하지만, 규모가 웅장하고 좀 더 남성적이다. 중앙 성소에 다가갈수록 문의 높이가 낮아지는데 신에게 다가갈수록 낮은 자세를 갖추라는 뜻이라는데 혹자는 전

쟁 시에 한 번에 많은 적들이 들어오지 못하게 하려는 방어용 설계였다고. 한 바퀴 둘러보고 나오는 길에 보이는 동쪽 고푸라 옆의 거대한 스펑나무는 사진에 담기 어려울 만큼 키가 크다. 나오면서 과일 장수에게 망고 1개와 파인애플을 샀다. 점심 식사 후 후식으로 나온 수박이 작았는데 여기서 보니 수박이나 코코넛의 크기가 비슷하다. 능숙한 솜씨로 자르고 가운데 딱딱한 부분을 분리한다. 파인애플도 먹기 좋게 잘라준다.

▶ 프레 룹

이곳은 특이하게도 바라이(저수지) 한가운데 네악 포안(Neak Poan)이 있다. 자야바르만 7세가 왕으로 즉위한 후 전국에 만든 102개의 병원 중에서 가장 잘 보존된 곳이라는데 저수지 가운데 길로 들어간다. 저수지 한가운데에 수상 사원이자 병원이었던 네악 포안이 있다. 섬 가운데 큰 연못이 있고, 한가운데 중앙탑을 세웠다. 십여 년 전 동생이 여기 왔을 때 연못에는 물이 없었고, 이 자리 전체에 물이 차는 일도 있었다고 한다.

타 솜(Ta Som)은 단층으로 지어져 아담한 느낌을 준다. 맨 끝(동쪽)의 고푸라를 감싸고 있는 스펑나무가 유명하다는데 실제로 보니 나무가 건물을 온통 뒤덮고 있는 듯하다. 엽서를 사라고 끈질기게 조르는 아이들이 있는 곳. 어떤 사람은 부모가 아이를 학교에 보내지 않고 돈벌이를 시키므로 물건을 사주면 안 된다고도 한다는데 이런 아이를 만날 때마다 마음이 편치 않았다.

▶ 프레아 칸

동 메본(East Mebon)은 3층으로 된 피라미드형으로 길이가 100m가 넘는 사원이었다고 한다. 3층에 올라 지금은 물이 말라버렸지만 넘실대던 물 위에서 천 년 전의 풍경을 감상하면 좋다는데 지쳐서 다음 코스인 프레 룹(Pre Rup)에 가려고 사진만 한 장 찍고 통과했다. 프레룹은 '육신의 그림자'라는 뜻으로 석관이 남아있어, 왕실의 화장터였으리라고 추측한다고. 돌과 벽돌을 사용한 건물이다. 계단을 보자 지레 겁을 먹었는데 꼭대기에서 내려다보이는 평원을 보니 마음이 평온해진다. 이곳은 사람이 적어서 여유 있게 석양을 볼 수 있는 곳이라고. 오늘은 어제보다 더 힘들어서 이것으로 2일 차 오전 일정을 마무리했다.

앙코르와트(Angkor Wat)

▶ 앙코르와트 3층 성소로 오르는 길

드디어 앙코르와트에 왔다. 이곳은 캄보디아의 상징이자 앙코르 문명의 꽃이라고 불리우는 곳이 아닌가. 앙코르와트는 가로 1.5km, 세로 1.3km의 크기로 하나의 도시에 가깝다. 해자를 건너는 다리는 앙코르와트로 들어가는 첫 관문이다. 신의 세상과 인간의 세상을 구분 짓는 경계이자 우주를 감싸는 바다를 의미한다는데 또 하나는 적의 공격으로부터 방어하기 위한 것이리라. 입구에서 앙코르와트 건물로 가는 큰길을 참배로라고 하는데 그 옆에 오래된 도서관 건물이 있다. 현지 어린이에겐 단지 좋은 그저 놀이터인 듯 재미나게 논다. 원숭이도 자유롭게 돌아다닌다. 캄보디아를 상징하는 그림에 나오는 곳인 왼쪽 연못 가장자리에 도착했다. 이곳은 일출과 일몰의 명소이며 이곳에서만 탑이 5개로 겹쳐 보인다.

우리는 건물 1층 회랑의 부조를 지나서 일부만 보고 바로 3층 성소를 보려고 줄을 섰다. 민소매, 무릎 위의 바지, 슬리퍼 차림은 엄격히 통제한다. 올라가기 직전엔 모자도 벗어야 했다. 한 번에 100명씩만 관람을 할 수 있어 3층 성소를 보고 내려오는 사람의 출입증을 반납해야 다음 사람이 올라갈 수 있다. 50분을 서서 기다리다 가파른 계단을 올라오니 무척 피로하다. 중앙에 우뚝 솟은 중앙 성소 탑은 메루산을 상징한다고. 앙코르와트는 힌두교의 우주를 지상에 재현해 냈다. 크게 한 바퀴를 돌다 보니 사람들이 모두 한곳을 향해서 사진을 찍고 있는 게 아닌가. 알고 보니 그곳이 입구와 정중앙에 위치하는 사진 명당자리였던 것. 정말 멋진 곳에서 행복한 순간을 만끽

했다. 그러나 내려가야 할 시간이 왔다. 1층과 2층 사이의 십자 회랑에서는 참배로가 한눈에 보인다. 명예의 테라스는 참배로의 끝에서 사원으로 올라가는 계단 위에 펼쳐진 테라스로 국왕을 위한 의식을 거행하거나, 외국 사신을 접대하는 용도였다고. 사자와 나가(머리가 일곱 개인 지혜의 뱀)로 장식했다. 들어올 때는 분명 대낮이었는데 땅거미가 지고 앙코르와트 서쪽의 벌룬이 떴다가 내려가고 있다.

앙코르 국립박물관과 룰루오 유적군

앙코르 국립 박물관(Angkor National Museum)은 이틀간 본 것을 정리하고 진품을 만나는 기쁨을 누리기 위해 일 인당 12불의 입장료를 내고 찾았다. 앙코르 국립박물관의 백미라는 '1천 불상의 방'이 특히 인상 깊었는데 사진을 찍을 수는 없었지만 다녀오길 잘했다.

롤레이(Lolei)는 룰루오 유적(Roluos Group) 중에서 가장 마지막으로 만들어졌지만, 사원의 기반인 저수지가 가장 먼저 만들어졌기 때문에 최초의 사원이라 불린다. 이곳은 아직껏 다녀본 곳 중에서 민가 옆에 있었다. 학교에서는 초등학생인 듯한 학생들이 수업하는 소리가 들렸고 어떤 건물 안에서는 양초를 만드는 할머니들이 계셨는데 내게 먹을 것을 권하셨다. 어린이도 많아서 같이 사진을 찍자고 하니 우루루 몰려들며 좋아했다. 내가 브이자를 해 보이며 '하이파이브'를 하자고 했더니, 서로 하자며 달려든다. 이럴 줄 알았으면 사탕이라도 가져오는 건데 아쉽다.

▶ 프레아 코(Preah Ko)

　프레아 코(Preah Ko)는 무너져 내린 참배로를 따라 들어서면 사자상이 지키고 있는 3개의 탑이 정면으로 보인다. 시바 신에게 바친 사원이지만 선조들을 모시는 사원이기도 하다고. 입구에서 미소가 아름다운 여성에게 스카프를 3장 샀다.

　바콩(Bakong)은 최초의 피라미드형 왕실 사원 5층으로 동서남북의 출입문 양쪽에 사자상이 서 있고, 3층까지는 각 모서리에 코끼리상이 서 있다. 동쪽의 탑 2개는 무너져 현재는 2개의 탑이 남아있다. 중앙 신전에서 내려다보면 방향마다 각각 2개씩, 8개의 탑이 주변을 감싸고 있다. 이곳은 한적하게 일몰을 즐길 수 있는 곳인데, 낮에도 멋진 풍광을 볼 수 있었다.

툭툭 기사와 함께

툭툭은 오토바이 뒤에 의자가 달린 수레를 붙여 만들어진 씨엠립의 탈 것이며 시내와 근교여행 시 가장 유용한 교통수단이다. 정해진 요금이 없어서 타기 전에 흥정을 해야 한다. 툭툭을 이용해 유적 투어를 하고 싶다면 본인이 가고 싶은 일정, 가격을 흥정한 후 만날 장소와 시간을 정하면 된다. 대부분의 툭툭 기사들은 간단한 영어가 통하며 지리에 밝다. 시엠립에 머무는 내내 한 번도 비가 내리지 않고 햇빛이 강했다.

우리는 공항을 오갈 때를 제외하고는 늘 툭툭을 이용했다. 유적 투어도 처음에 만난 툭툭을 3일간 대절하여 마지막까지 투어를 함께 했다. 최고기온이 섭씨 30도를 오르내리는 더위에 하루종일 유적지에 있기에는 힘들어서 오전에 유적지에 갔다가 시내로 돌아와 점심을 먹고 숙소에서 2시간 정도 휴식을 취한 후 다시 유적지로 향하곤 했다. 툭툭을 타고 있으면 아무리 더워도 시원하고 편해서 좋았다.

마지막 날, 롤레이를 나와서 프레아 코로 향할 때였다. 툭툭기사는 저쪽이 자신의집 방향이라며 손으로 가리키는 게 아닌가! 우리가 관심을 보이자 그는 멀다고 하면서도 30여 분 거리인 그곳으로 데려다줬다. 먼저 우리를 내려준 곳은 사람이 사는 마을을 지나서 민가가 없는 외딴곳이었다. 자신의 집이 이곳이었는데 바람에 쓰려져서 다시 집을 지으려고 자재를 준비한 것이라며 쌓아둔 자재를 보여주며 설명했다. 다음에는 아버지가 사시는 집으로 인도했다. 원두막처럼 2층에 집을 지었고 통발이 있는 걸 보니 우기엔 물이 차고, 물고기도 잡는 것 같다. 그리고 형이 사탕수수즙을 졸여 설탕을 만들기 위해 장작을 때는 일을 하는 곳도 보여주었다. 툭툭 기사는 매일 우리를 태우기 위해 시내까지 한 시간이나 걸리는 거리를 매일 출퇴근했다는 것을 알게 됐다.

그 밖의 이야기

우리가 머문 3박 5일 동안 유적지를 다닌 시간 외에는 주로 펍스트리트에서 식사했다. 식사할 때 길옆 테이블에 앉아서 똠얌꿍과 쌀국수 등 현지 음식을 먹으며 지나는 사람 구경하는 것이 재미있었다. 이곳에 북한음식점이 있다고 하여 평양랭면관에도 가봤다. 우리 사진 찍는 것만 가능하고 식당 내부는 물론 음식도 찍지 못했고 손님은 우리만 있었다. 왕만두와 냉면은 내 입맛에는 매웠다. 가격은 한 사람이 보통 음식점에서 5불이라면 평양랭면관은 10불이었다.

매일 일과를 마치면 마사지로 피로를 풀었다. 첫날은 나이트 마켓에 갔다가 발마사지 30분에 1불이란 글씨를 보고 들어갔더니 낮에만 그렇다며 2불을 내야 한다고 했지만 그래도 재미있게 받았다. 둘째 날은 펍스트리트 근처로 발마사지를 받으러 갔는데 전날보다는 나왔다. 마지막 날, 남편이 자신이 인터넷으로 알아본 곳으로 가자고 했다. 나는 발마사지를 남편은 전신마사지를 받는데 시원하게 잘해서 만족했다.

현지인들이 가는 시장에 가보고 싶고 해먹도 구입하고 싶어서 둘째 날은 현지인들이 이용하는 재래시장을 찾았다. 입구에 있는 상점에서 해먹값을 물어보고 다시 안으로 들어가서 가격을 물어보니 몇 배를 더 달라고 해서 다시 와서 해먹 3개와 끈, 그리고 해먹을 세울 스탠드(쇠)를 하나 샀다. 이 시장에는 다양한 물건과 식당이 있었고, 파인애플과 사탕수수도 산처럼 쌓아놓고 팔고 있었다. 마지막 날도 유적지를 다녀와 재래시장으로 향했다. 씨엠립에서 가장 큰 곳이라는데 전날 갔던 곳 맞은편이었다. 사탕수수즙을 한잔 마시고 싶었는데 남편이 현지어로 물어본 덕분인지 싸게 먹을 수 있었다. 바게트, 커피, 앙코르 쿠키, 모기 기피제 등을 샀다.

캄보디아를 떠나며

떠나는 날, 밤 12시 5분 비행기인데 2시간 전에 여유 있게 공항에 도착했다. 한국처럼 줄이 길지 않아 바로 수속이 가능했고 코앞에 비행기가 있었다. 비행기에서 주스 한잔 마셨을 뿐인데 눈을 떴을 때 제주를 지나고 있었다. 캄보디아에서 앙코르 유적군에 집중하느라 앙코르 근교 유적이나 톤레삽 등에는 가지 못했다. 캄보디아 앙코르와트 유적군을 돌아보며 가장 힘들었던 것은 바로 계단을 오르는 일이었다. 계단을 오르느라 너무 힘들었지만 한편으로는 계단을 오를 수 있었기에 아름다운 풍광도 감상할 수 있었고 감동이 배가 됐다. 이번 여행을 선물하고, 안내해준 동생과 동행한 남편에게 다시 한번 감사한다. 여행은 짧지만 감동은 영원하다.

▶ 스라 스랑 앞에서

스페인·포르투갈 단체여행을 다녀와서
―《옹진문화》 6호(2023년) 발표

스페인으로 출국

올 6월 5일~14일까지 8박 10일 동안 스페인과 포르투갈을 단체여행으로 다녀왔다. 홍콩이나 일본 등은 자유여행으로 다녀오기도 했지만 스페인과 포르투갈은 이동 거리가 멀어서 여행사의 패키지 상품을 선택했다. 여행상품을 고를 때의 기준은 체력소모를 줄이기 위해서 직항으로 왕복, 국내선 비행기 이용 등으로 이동시간이 적은 것이었다.

6월 1일, 여행사에서 비행기 좌석 배정할 사람은 하라고 하여 바로 오토체크인을 했다. 이때 하지 않은 사람은 일행과 떨어져 앉기도 했다. 6월 5일 출발 당일은 맑은 날씨였다. 공항에 도착하여 환전한 것을 찾고 여행사 미팅하고 짐 부치고 탑승장에 도착하니 9시였다. 우리를 태운 KE915편 비행기는 11시 55분 정시에 출발하여 13시간 45분을 날아 다음 날 오전 1시 40분에 공항에 도착했다. 스페인은 우리나라보다 7시간이 늦다. 입국 후 가이드를 만나서 50여 분 걸려 오후 9시쯤(현지 시간) 숙소에 도착했다. 방에 들어오자 피로가 몰려왔는지 어지러움이 느껴져서 바로 침대에 누웠다. 새벽 3시 반에 깨서 다시 자려고 해도 시차 때문인지 잠이 오지 않았다. 하는 수 없이 일어나 그날 필요한 물건을 정리해도 7시 30분 조식 때까지는 시간이 많이 남았다.

바르셀로나의 가우디 건축물

다음날 구엘 공원으로 가는 버스가 출발한 지 얼마 되지 않았는데 배가 아프기 시작했다. 평소에 신경성으로 배탈이 날 때가 있어서 그날도 약을 먹었는데도 그랬다. 공원에 도착해서 화장실부터 다녀왔다. 다음 코스인 사그라다 파밀리아(성가족성당) 안에 들어갔을 때도 들어가자마자 스페인 가이드에게 물어 먼저 화장실에 다녀오니 일행은 동문 입구에서 해설을 듣고 있었다. 이번 여행의 하이라이트라고 할 수 있는 가우디의 작품이 있는 곳을 방문했음에도 속이 불편하니 아름다운 가우디의 작품에 감동은커녕 감상하기도 힘들었다. 하지만 구엘 공원과 성가족성당에 입장한 수많은 관광객을 보고 가우디 작품의 인기를 실감할 수 있었다.

▶ 구엘 공원

    점심으로 해산물 파에야를 먹고 나서 바르셀로나에서 관광객이 가장 많은 거리 중 하나인 람블라스 거리에서 한 시간의 자유시간이 주어졌다. 이 거리에 소매치기가 많다고 하여 남편과 나는 크로스백을 서로 안쪽으로 매고 그 안으로 사람이 들어오지 못하도록 두 손을 잡은 채 까르푸를 향해서 20여 분을 걸었다. 그 대형마트는 몹시 넓고 다양한 상품이 있어서 오래도록 구경하고 싶었지만 지하 매장에서 꿀국화차 10개를 구입하고 다시 약속 장소로 돌아왔다.

    저녁 식사 후에 우리를 태울 버스가 예정 시간보다 늦어지자 가이드는 근처에서 과일을 살 수 있는 시간을 줬다. 우리는 과일가게에 들어가서 체리와 납작 복숭아(우리나라는 복숭아가 둥근 모양인데 스페인은 납작하다)를 1킬로그램씩 사서 기분 좋게 버스를 탔다. 바르셀로나 같은 대도시는 버스를 세우는 곳과 관광지가 멀어서 버스에서 내려서 걷는 시간이 많아서인지 오늘 18,000보를 걸었다. 걱정했던 오른쪽 무릎은 아프지 않고 발바닥과 발가락이 아팠다. 게다가 1일 차와 2일 차에 묵은 숙소는 대형버스 진입이 되지 않아 버스에서 내려 10여 분을 걸어야 했다.

몬세라트 수도원

지로나로 이동하여 구시가지에 자리한 산타마리아 데 지로나 대성당에 도착했다. 성당 뒤편의 86개 계단 꼭대기에 올라 주변을 둘러보니 마치 중세의 풍경을 보는 듯했다. 지로나를 떠나 스페인 아웃렛인 라로카빌리지에 갔다. 우리 부부는 미리 생각하고 있던 캠퍼 매장에 가서 남편은 편한 구두를, 나는 운동화를 샀다.

그 후 몬세라트로 향했다. 몬세라트는 울퉁불퉁한 기암괴석 봉우리가 6만 개나 연이어지는 산간 지역으로 가우디에겐 사그라다 파밀리아 성당과 카사밀라를 짓게 하는 영감을 줬다고 하는 곳이다. 우리 팀은 산악기차를 타고 몬세라트 수도원에 도착했다. 산악열차는 경사가 가파르고 스위스에서 탔을 때처럼 레일 가운데에 톱니 모양이 하나 더 있었다. 베네딕트 수도원 앞에서 자유시간을 주길래 나 혼자서 '천국의 계단'을 보기 위해 몬세라트 입구까지 열심히 걸었다. 이 작품은 사그라다 파밀리아 성당의 수난 파사드를 설계한 수바라치의 작품이라고 책에서 보았기 때문에 한번 가보고 싶었었다. 천국의 계단 조형물은 생각한 것보다 크고 단순하지만 멋있었다. 그곳에서는 몬세라트 수도원 주변을 전체적으로 조망할 수 있었다.

▶ 몬세라트 수도원

 몬세라트를 끝으로 바르셀로나를 떠나 말라가로 이동하기 위해 바르셀로나공항에 갔다. 밤 8시 45분에 출발하는 국내선이 1시간 이상 늦게 출발하여 말라가의 숙소에는 1시쯤 도착했다. 오늘은 20,000보 걸은 것 같다. 발과 다리가 아프다 못해 얼얼하다. 숙소에 도착하여 버스에서 내릴 때 몹시 춥고 바람이 불었는데 침대에 눕자 추위가 느껴져서 이불장에 있던 담요를 꺼내 덮고 그대로 잠들었다.

그라나다의 알람브라와 론다의 누에보 다리

오늘 아침 식사 때, 혼자 오신 남자분이 주신 지사제를 먹었다. 또 딸이 부모님을 모시고 3명이 함께 온 가족이 있었는데 그 어머니께서도 자신도 배탈도 고생한 적이 있다며 약을 주셨다. 다음날 조식 시간에 나는 이 두 분에게 고마움의 표시로 꿀국화차를 1갑씩 드렸다.

▶ 헤네랄리페 정원

4일 차는 알람브라에 입장하여 먼저 헤네랄리페 정원에 갔다. 알람브라는 스페인의 마지막 아랍 왕조인 나스르 왕국이 남기고 간 뜻밖의 선물이라고 할 수 있다. 폐허가 된 궁전은 1832년 워싱턴 어빙의 '알람브라 이야기'가 히트를 치면서 기사회생의 복원이 이루어졌고, 내게는 몇 년 전 TV에서 방영한 '알함브라 궁전의 추억'이라는 드라마를 통해 그라나다를 꿈꾸게 하는 이름이 되었다. 알람브라는 크게 나스르 궁전, 알카사마, 카를로스 5세 궁전, 헤네랄리페로 나눌 수 있는데 우리 패키지는 하이라이트라고 할 수 있는 나스르 궁전은 입장하지 않았다. 하지만 여름 궁전인 헤네랄리페에서 물과 숲으로 이루어진 아름다운 정원을 볼 수 있었다. 또한 가파른 능선을 따라 지은 난공불락의 요새인 알카사바와 가장 높은 곳에 있는 벨라의 탑에 오르자 알람브라와 그라나다의 전경을 한눈에 볼 수 있어서 아주 만족했다. 게다가 어제까지는 속이 불편해서 여행에 집중하지 못했으나 오늘은 속이 편해서 마음도 가벼워졌다.

다음은 2시간을 이동하여 론다의 누에보 다리가 잘 보이는 전망대에 도착했다. 다리가 잘 보이는 곳으로 내려가서 보면 더 좋았겠지만 여기서도 충분했다. 여행을 떠나기 전 집에서 누에보다리 부근의 지도를 출력해 갔는데 직접 보고 나니 지도의 위치가 어딘지 한눈에 들어왔다. 다시 2시간을 버스를 타고 세비야의 숙소에 도착했다. 오늘 날씨는 춥다가 비 오다가 더웠다. 숙소는 주변에 아무것도 없는 산속 같은 곳인데 방이 넓어서 가방을 정리할 공간이 넉넉했다. 일행 중 선택관광을 신청한 사람은 밤 9시에 시작하는 플라멩코 공연을 보러 갔다.

세비야대성당과 에스파냐 광장

오늘도 오락가락한 날씨였지만 우리가 관광할 때는 비가 거의 오지 않았다. 맨 먼저 도착한 에스파냐(스페인) 광장에서 자유시간을 1시간 10분 주었는데 그중에 선택관광으로 마차투어 할 사람은 4명씩 마차를 탔다. 출발하여 마리아 루이사 공원에서 잠시 포토타임을 가진 후 세비야대성당을 돌아서 다시 출발한 곳으로 돌아오는 코스이다. 스페인 광장을 충분히 둘러보지 못한 것이 좀 아쉽긴 해도 말을 타보니 재미있었다.

▶ 에스파냐 광장

그다음 세비야대성당에 입장했다. 규모가 어마어마하고 화려했다. 이곳에 와야 하는 가장 큰 이유라는 '콜럼버스의 묘'는 "다시는 스페인 땅을 밟지 않겠다."는 콜럼버스의 유언에 따라 카스티아·레온·아라곤·나바라 왕국의 왕 조각상들이 그의 관을 어깨에 짊어 메고 있는 모습이다. 주 예배당은 예수와 성모의 삶을 보여주는 45가지 장면을 아름답고 섬세하게 금으로 조각해 화려하다. 대성당을 나와 황금의 탑을 본 후에 버스에 올라 포르투갈의 리스본으로 향했다. 그동안 많이 걸어서 발이 아팠는데 장시간 이동하는 동안 오히려 푹 쉬었다.

포르투갈 리스본의 파티마 대성당과 까보 다 로까

대서양 바로 앞이라선지 리스본의 아침은 16도로 약간 쌀쌀하게 느껴졌다. 먼저 유네스코 세계문화유산인 제로니모스 수도원을 외부 관람하고 근처에 있는 발견의 탑에 갔다가 까보 다 로까로 이동했다. 거기서 대서양의 시작점이자 유럽의 끝인 해변 절벽 위에서 대서양을 바라보며 잠시 둘러보고 사진도 찍었다.

▶ 까보 다 로까

스페인·포르투갈 단체여행을 다녀와서

파티마로 가는 도중에 오비도스 시티투어 후 파티마 대성당으로 이동했다. 대성당은 세계 3대 성모발현성지로 일부러 찾아오는 사람이 많다고 한다. 성당에 들어서자 바로 양초 타는 연기로 뿌옇고 그 냄새가 심하게 났다. 그도 그럴 것이 사람들이 자신이 구입한 양초를 들고 줄지어서 자신의 순서를 기다리고 있었다. 그 옆에서는 미사를 진행하고 있었는데 한편으로는 이곳까지 무릎으로 걸어 성지순례를 온 사람들도 볼 수 있었다. 성당 광장이 넓어서 한참을 걸어 성당 내부에 들어가니 이번에도 사람들이 줄을 서서 왼쪽으로 들어가서 중앙 제단을 지나 오른쪽으로 한 바퀴 돌아 나왔다.

버스로 2시간을 이동하여 포르토에 도착했다. 이곳 호텔은 7층이어서 전망이 좋고 모든 것이 마음에 들었다. 방에 가방을 갖다 놓고 근처의 마트에 가려고 했는데 길을 잘 못 찾아 행인에게 길을 물었다. 모녀로 보이는 사람들이 친절하게 길을 알려줘서 고마웠는데 그 여성들은 브라질에서 왔다고 했다.

포르토에서의 굵고 짧은 관광

포르토 대성당은 지대가 높은 구시가지에 있다. 아래를 내려다보니 바로 앞에 항구가 있어서 전망이 좋고 오래된 건물들이 많았다.

▶ 루이스교 위에서, 가이스 디리베이라 항구를 배경으로

 사진을 찍고 있는데 이슬람교도임을 나타내는 히잡을 착용한 젊은 여성이 우리 일행에게 오더니 우리말로 자기는 한국을 좋아한다며 함께 사진을 찍고 싶다고 하여 같이 찍었다. 골목을 내려오니 가이스 디리베이라 항구였다. 오른쪽 하늘에는 케이블카가 다니고 있고 왼쪽엔 멋진 아치형 철골다리가 있었는데 그 다리가 바로 루이스교였다. 가이드께서는 바다가 보이는 노천카페에서 음료를 사주셨는데 오렌지주스를 막상 마시려니 다음 화장실까지는 2시간 이상을 가야 한다고 하여 한 모금밖에 먹지 못하여 아쉽다. 유럽은 한국과 달리 공공장소에 화장실이 없는 곳이 많다. 그리고 있다고 해도 유료고 기다려야 할 때가 많고 또 주변에 없으면 카페를 찾아야 하기에 화장실 이용이 늘 부담이다. 그다음 코스인 루이스교까지는 계단을 오르고 올라 아주 힘들게 올라갔다. 남편을 붙잡고 오르지

않았다면 일행과 뒤처질 뻔했다. 다리 위에서 보는 경치도 아름다웠고 바로 옆에서 트램이 달리는 걸 보기도 했다. 포르토는 아기자기한 도시로 도보로 이동이 가능할 정도의 규모라고 하니 자유여행으로 오기에도 좋은 도시라고 생각했다.

친절한 파리식당의 주인

다시 스페인을 향해서 세고비아로 5시간을 이동하는 중이었다. 출발한 지 2시간 후쯤 어느 시골 마을의 식당에 갔다. 우리를 맞아주시는 사장님의 얼굴이 왠지 영화배우처럼 표정이 풍부하시고 미소가 아름다우셨다.

또한 미리 차려진 식탁을 보니 다른 식당에서는 볼 수 없는 모습이 있었다. 물과 음료수들이 큰 병으로 놓여있어 놀랐는데 더 놀라운 것은 그 음료수들이 모두 공짜라는 것이다. 음식도 넉넉했고 후식으로 아이스크림

▶ 파리식당의 친절한 사장님과

도 나왔다. 포르투 와인도 원하는 사람 모두에게 충분히 제공해 주셨다. 이전 식당에서는 식당에 가면 4인이 한 테이블에 앉는데 물과 음료를 주문해야 갖다주었고 별도로 돈을 냈었다. 그 식당 위치가 시골이라서 단체 손님을 오게 하려고 하는 상술일 수 있으나 어쨌든 모두 기분 좋고 행복한 시간이 되도록 친절을 베풀어 주신 사장님께 감사했다.

세고비아의 수도교와 톨레도 대성당·산토 토메 성당

세고비아에 도착하여 먼저 수도교에 갔다. 전에 터키인지 이스라엘에선가 수도교를 본 적 있지만 그곳보다 훨씬 크고 보존 상태도 좋았다. 오늘 새벽에 세고비아에서 열기구투어(선택관광)가 있어서인지 오늘은 평소보다 늦은 10시에 출발이다. 이번 숙소 근처에는 걸어서 10분 거리에 '메르카도나'라는 대형마트가 있었다. 남편과 나는 영업시간인 9시가 되기 전에 도착해서 기다리다가 꿀국화차, 발사믹 식초, 올리브 크림, 애플망고 등을 사서 부지런히 숙소로 돌아와 떠날 준비를 했다.

첫 일정으로 세고비아 수도교에서 내려 걸어서 세고비아 성모 대성당을 외부 관람하고 약국에 가서 스페인 피로회복제로 알려진 포텐시어터 2갑을 구입했다. 그다음 알카사르성 외부를 본 후 톨레도로 이동했다. 도착하여 산 위에 보이는 구시가지로 이동하기 위해

에스컬레이터를 5번 갈아타고 올라가서 톨레도 대성당에 갔다. 에스컬레이터가 생기기 전에는 이 많은 사람이 이 높은 곳까지 어떻게 올라다녔을지 궁금하다. 이 대성당은 스페인 가톨릭 총본부가 자리한 대성당이라는데 신의 손가락이라 불리는 뾰족한 첨탑과 천국을 향한 열망을 담은 화려한 스테인드글라스가 돋보였다. 내부에는 조각과 그림으로 아름답게 꾸민 '트란스파렌테(Transparente)'가 특히 멋있었다. 원래 있던 천장 일부를 뜯어내고 자연광을 불어넣은 파격적인 공사였다고 한다.

▶ 오르가스 백작의 매장

그다음 근처에 있는 산토 토메 성당은 들어가자마자 사람들이 어떤 하나의 그림 앞에 서서 설명을 듣고 있었는데 톨레도에 여행을 온 사람들이 이 그림 하나는 보기 위해 이 성당을 찾는다고 해도 과언이 아닐 정도라는데 우리 팀도 '오르가스 백작의 매장'이라는 그림만 보고 나왔다. 그림 바로 아래 무덤이 있는데 무덤의 주인은 그림 속 주인공이자 이 성당의 후원금을 전담하던 오르가스 백작이라고 한다. 톨레도를 떠나 마드리드에 도착했다.

마드리드의 푸라도미술관과 마요르광장

어느덧 9일 차 마지막 날이다. 마드리드의 날씨는 최고기온 24도에 최저기온은 16도다. 9시 현재 16도다. 아침 10시 20분에 출발한다니 편하기는 하지만 가볼 곳이 많은 마요르광장에서 자유시간이 주어졌어도 좋았겠다는 아쉬움이 있다. 먼저 티센보르네미사 미술관에 갔다. 선택관광을 하지 않을 사람에게는 자유시간을 주었는데 나는 이 자유시간을 정말 자유롭게 썼다. 서 있던 장소 앞에 뚜론으로 유명한 '비센스' 매장이 보였다.

바로 들어가니 넓은 매장에 다양한 상품들이 진열되어 있었고 시식도 마음껏 할 수 있었다. 선물용 뚜론과 초콜릿을 구매하니 프로모션 중이라며 큰 초콜릿을 선물로 주었고 얇은 에코백에 담아 주어서 기분이 좋았다. 남은 시간 근처의 공원 같은 곳을 거닐며 벤치에서 쉬다 보니 일행들이 돌아와서 왕실이 수집한 소장품을 전시한다는 프라도 미술관에 갔다. 이 미술관은 공항처럼 보안 검색을 하고서 큰 가방이나 음식을 맡길 수 있어서 힘이 덜 들었다. 들어가서 스페인 왕실 컬렉션의 천재 화가 3대장이라는 엘 그레코, 벨라스케스, 고야 등의 작품을 감상했다.

　마요르 광장으로 걸어서 가다 보니 마요르 광장에서 자유시간에 가려고 했던 츄러스로 유명한 '산 히네스'가 보였다. 다행히 가이드께서 우리에게 맛을 보여주셨다. 이 광장에서는 자유시간이 짧아서 빠른 걸음으로 라치나타 매장에 가서 발사믹 식초와 립밤만 구입하고 돌아왔다. 마지막 코스로 간 솔광장에는 스페인의 모든 길이 시작되는 곳으로 0km 표식이 있는 곳에서 사람들이 사진을 찍었다. 다음엔 공항으로 이동한다고 하여 SOL 지하철역에 가봤으나 화장실이 없어서 화장실을 이용하기 위해 계획에 없던 비싼 아이스크림을 사먹기도 했다. 공항에서 가방을 부치고 세금환급서류를 우체통에 넣음으로써 모든 일정을 마치고 귀국행 비행기에 올랐다.

마치면서

살다 보면 미래를 예측했던 것과 실제로 일어나는 일이 일치하지 않을 때가 많은데 이번 여행에서도 그랬다. 평소에 무릎이 좋지 않은데 이번 여행 중에 잘 걷지 못하여 민폐를 끼칠까 봐 가장 큰 걱정이었는데 아픈 데는 무릎이 아니라 발바닥과 발톱이었다. 사람들도 유럽 여행의 힘듦을 알고 있어서인지 65세 이상은 우리 부부뿐이었다. 또 구내염이 잘 생기는 편이라서 음식을 못 먹을까 봐 걱정했는데 배탈이 나서 처음엔 음식을 잘 먹지 못했다. 지사제를 먹어도 듣지 않았는데 일행이 주신 약을 먹고 괜찮아졌다.

2010년에 유럽을 처음 갔을 때도 화장실이 적고 그 앞에서 오래 기다렸던 기억이 있는데 이번에도 예외는 아니었다. 그때는 어디서나 공공화장실을 알려주었는데 이번에는 카페를 찾아가거나 스스로 해결해야 해서 곤란할 때가 있었다.

여행 내내 날씨가 덥거나 비가 오지 않아서 다니기에 좋았다. 한국의 6월보다 더울 걸로 생각했는데 다니기에 적당했고 포르투갈에서는 오히려 선선했다.

여행을 다니며 현지에서 과일을 사거나 그 나라의 특산물을 사오는 걸 좋아하는데 이번에도 현지 마트와 매장에서 뚜론과 발사믹 식초 등을 사 올 수 있어서 다행이다. 그리고 처음으로 세금 환급을 시도했다. 작년에 싱가포르에 갔을 때도 환급할 수 있었지만 번거

로울 것 같아서 말았는데 이번에 환급을 받아서 뿌듯하다.

여행 초기인 바르셀로나에서부터 많이 걸어서 힘들었다. 여행 후반기에 포르투갈을 다녀오면서부터 버스 이동이 늘어나서 덜 걷고 또 여행에 적응이 돼서 비로소 여행을 즐길 수 있게 되자 이미 돌아갈 시간이 됐다. 여행을 다녀온 지 한 달이 지났음에도 엄지발톱은 검게 변해있고 아직도 발가락이 아파서 운동화를 신지 못하고 샌들만 신고 다닌다. 그럼에도 늘 한번은 가보고 싶었던 스페인이었는데 포르투갈까지 다녀올 수 있어서 다행이고 함께 다녀온 남편에게도 감사한다.

일본 삿포로·오타루 자유여행을 다녀와서
―《옹진문화》 7호(2024년) 발표

홋카이도를 향하여

올해 7월에 5박 6일 일정으로 남편과 둘이서 일본의 홋카이도(북해도 北海道)에 다녀왔다. 홋카이도는 언젠가 한 번은 가보고 싶은 여행지 중 하나였다. 보너스 항공권을 약 1년 전에 샀고 숙소도 일찍이 예약했었다. 막상 출발할 때가 다가오자 항공권과 숙소를 제대로 사용할 수 있는지에 대한 의구심이 들었는데 실제로는 괜찮았다.

출발 당일, 흐리고 비가 왔다. 우리는 8시 45분에 출발하는 삿포로행 비행기에 몸을 실었다. 홋카이도는 일본 최북단에 있는 큰 섬으로 크기는 우리나라(남한)의 면적과 비슷하다. 일본 섬 중 하나지만 일본 본토와는 인종, 언어, 문화적으로 약간의 차이가 있다. 홋카이도는 본래 아이누족이 거주하던 땅으로 에조치라고 불렸으며, 1868년 메이지유신(명치유신 明治維新) 이후 일본에 편입되었다. 아이누족은 일본인들과는 생김새도 다르고 언어와 문화도 다른 소수민족으로, 홋카이도와 일본 북동부인 도호쿠 지역, 사할린 남부, 쿠릴열도 등지에 정착해 온 원주민이다. 삿포로는 홋카이도 중에서도 남쪽이고 인구는 약 190만 명이다.

　식사가 나올 무렵인데도 "좌석벨트를 계속 매고 있으라"는 기내 방송이 들렸다. 비행기에서 요즘 많이 발생한다는 난기류를 겪었는데 한번은 비행기가 아래로 쿵 떨어지는 것 같은 느낌을 받기도 했다. 이러다가 밥도 못 먹고 내리게 되는 건 아닐까 싶었다. 출발한 지 2시간 30분 후, 신치토세 공항에 도착했다. 비행기에서 내려 국내선 가는 길에 있는 유명 디저트와 기념품 등을 파는 상점가와 식당가를 둘러보고 숙소로 향했다. 체크인을 마치고 수프 카레로 유명한 식당에서 닭 다리 수프 카레를 먹었다. 그 카레는 찌개처럼 국물이 있고 닭 다리와 채소가 통째로 나왔는데 국물이 진하고 맛있었다. 오늘 인천은 최고기온이 26도인데 비해 삿포로 날씨는 최고기온이 23도이고 흐렸다. 오늘 아침 일찍 일어나서 홋카이도까지 이동해서인지 우리는 숙소로 돌아와 침대에 눕자마자 바로 잠들었다.

모이와야마 전망대와 홋카이도대학 종합박물관

　둘째 날, 전날 날씨가 흐려서 오늘로 미뤘던 모이와야마전망대로 향했다. 시덴(노면전차)에서 내려 10여 분 걸어서 로프웨이(케이블카)가 운행하는 산로쿠역에 도착했다. 걷는 길이 언덕이어서 덥고 힘들 줄 알았는데 그날 최고기온이 24도이고 날씨가 흐려서 덥지는 않았다. 매표소에는 실시간으로 산 정상을 볼 수 있는 모니터가 있고 경로 할인도 해주었다. 로프웨이를 타고 해발 531m의 전망대에 도착하니 시야가 탁 트이진 않았어도 그럭저럭 삿포로시의 전망을 볼 수 있었다. 내려오는 길에 삿포로에서 라멘으로 유명한 식당에서 새우된장라멘과 만두를 먹었다.

오후에는 홋카이도 종합박물관을 다녀오기 위해 지하철 난보쿠선을 탔다. 지하철에서 내려 길을 물어보자 친절하게 알려줬는데 홋카이도 대학교 정문에서 만난 일본인 대학생은 종합박물관 표지가 보이는 곳까지 직접 동행해줘서 무척 고마웠다. 정문에서부터 보이는 키 큰 나무들과 중앙잔디 광장을 가로지르는 사쿠슈코토니강의 풍경은 내가 마치 숲에 와있는 듯했다. 가는 길 왼쪽에는 클라크 동상이 있었다. 윌리엄 스미스 클라크는 삿포로농학교 초대교감이었다. 우리에게 많이 알려진 "Boys, be ambitious!(소년이여, 야망을 가져라!)"와 같은 그의 명언은 홋카이도대학의 모토이다.

한참을 걸어서 박물관에 도착했다. 그 건물은 1929년에 건립되어 1999년까지 이학부의 본관으로 사용되었던 교사를 재활용하였다. 140여 년 전, 삿포로농학교로 개교한 이래 수집·보존·연구되어 온 300만 점 이상에 달하는 표본과 자료가 축적되어 있다. 성장한 수컷 홀스타인(젖소로 유명한 소의 품종)의 거대한 골격표본이나 매머드의 실물 크기 모형 등, 특이한 볼거리가 가득한데 1층에서 3층까지의 전시가 무료이다. 박물관에서 구한 '홋카이도대학 캠퍼스 가이드 지도'를 보고서 조금 전에 내가 걸어온 길이 이 대학의 넓은 면적에 비해 아주 작은 부분임을 알았다. 그래서 자전거가 그렇게 어마어마하게 세워져 있었고 자전거를 타는 학생이 많았구나 싶었다.

홋카이도청 구 본청사·삿포로 시계탑·삿포로 TV타워

박물관에서부터 걸어서 홋카이도청 구 본청사에 도착했다. 건물은 비록 공사 중이었지만 부지가 아주 넓고 정원과 연못이 잘 되어 있었다. 거기서 멀지 않은 곳에 홋카이도대학 식물원이 있지만 이미 많이 걸었기에 가지 못하고 카페에서 홋카이도산 신선한 우유와 디저트를 먹으며 쉬었다.

셋째 날, 삿포로 시계탑에 갔다. 건물은 홋카이도대학의 전신이었던 삿포로농학교의 연무장(강당)으로 1878년에 건설되었다. 3년 후에 미국식 목조 건물에 설치된 시계탑은 지금도 시간을 알리는 종소리가 정시마다 울린다. 우리는 시계탑 건물 안으로 입장했다. 1층의 전시를 보고 2층에 올라가니 연무장의 모습을 복원해 놓았으며 실물 형제 시계 등을 전시하고 있었다. 우리는 클라크 박사의 동상과 사진을 찍을 수 있는 포토존에서 사진을 찍었다. 그곳은 쉴 수 있는 공간이 있어서 주변을 천천히 둘러보며 여유 있는 시간을 가질 수 있었다.

다음에 간 삿포로 TV 타워는 오도리공원 동쪽 끝에 자리한 높이

147.2m의 철탑으로 1956년 TV 전파 송수신 타워로 건설되었다. 삿포로 시가지 어디에서나 타워가 잘 보였는데 가까이 가니 타워 앞에서 단체여행객들이 기념사진을 찍고 있는 모습도 볼 수 있었다. TV 타워 전망대에 오르면 오도리공원과 시내의 풍경을 감상할 수 있다. 오도리공원 주변은 축제와 이벤트가 자주 열려 사람들이 많이 모이는 장소다. 이날은 삿포로에서의 마지막 밤이라서 숙소 주변인 스스키노에 있는 니카상 주변을 한 바퀴 산책했다. 긴팔을 입었는데도 약간 쌀쌀했다.

오타루 운하와 문화재들

넷째 날, 삿포로역(JR)에서 열차를 타고 오타루에 도착했다. 숙소에 가방을 맡기고 덴구야마전망대에 올랐다. 케이블카는 작고 오래된 느낌에다 관광객도 모이와야마전망대보다는 훨씬 적었지만 정상에 오르니 오타루시내와 바다까지 한눈에 들어왔다. 오타루는 영화 〈러브레터〉의 배경지로 유명한데 이 전망대는 영화의 첫 장면을 촬영한 곳이라고 하니 이 장소가 더 특별하게 느껴졌다. 오타루에서 가장 좋았던 곳은 숙소였다. 오타루 운하가 잘 보이도록 운하뷰 룸을 예약했었다. 객실은 9층인 데다 앞에 고층 건물이 없어서 유리창 밖으로 바로 앞에 흐르는 운하는 물론 저 멀리 수평선까지 잘 보였다. 호텔 내에 온천도 있어서 2박 3일간 머무는 내내 행복했다.

▶ 덴구야마 전망대에서 보이는 오타루시내

　다섯째 날, 현지인이 주로 이용하는 린유시장을 향해 걸었다. 가는 길에 옛날 창고들이 늘어서 있었는데 창고들은 복원이 잘 되어 있었다. 안내판에는 일어, 영어뿐 아니라 한글로도 설명이 되어 있어서 이해하기 쉬웠다. 강화도의 조양방직 건물이 신문리미술관(카페)으로 재탄생되었듯이 오타루의 창고건물도 카페로 사용하는 곳이 있었다. 또한 구 국철 데미야선 일부 구간의 철도를 그대로 두어서 그 길을 산책할 수도 있다. 그 밖에도 시내 곳곳에서 문화재를 잘 관리·보존하고 있음이 느껴졌다. 오타루 (구)우선은행 맞은편에 있는 운하공원을 지나 도착한 곳이 린유시장이었다. 시장의 규모는 크지 않으나 현지인들이 주로 이용하는 듯 우리 말고 외국인은 보지 못했다. 오후 2시까지 영업하는 식당도 있어서 이곳에서 신선한 해산물을 먹을 수 있을 듯하다. 생선의 종류가 다양하고 크기가 큰 생선도 있었다. 시장 맞은편이 운하가 시작되는 지점이자 끝 지점이다. 그 지점에 가마우지들이 진 치고 있는 걸 볼 수 있었다. 우리가 운하를 따라 걸으며 운하를 배경으로 사진을 찍으려고 하자 지나가던 일본인이 우리 부부를 찍어주었다. 초등생들도 길에서 어른을 보면 '곤니찌와' 하면서 지나갔다. 운하의 폭이 넓지 않음에도 나룻배를 타고 오타루 운하를 즐기는 크루즈도 인기였다.

▶ 삿포로 시계탑

오타루의 명소 기타이치홀

　오타루의 명소 중 가장 인상 깊었던 장소는 기타이치가라스 3호관이었다. 이곳은 1890년에 세워진 어업용 창고를 개조한 것이라고 하는데 낡은 목조 건물 안에 자리한 유리공예 상점 겸 카페다. 건물로 들어서면 왼쪽의 글라스숍과 기타이치홀을 나누는 통로에 레일이 깔려 있어서 신기했다.

　특히 이 카페는 167개의 석유램프가 켜지는 카페인 기타이치홀로 유명하다. 전기가 보급되지 않던 당시, 생활의 필수품이었던 석유램프를 생산하던 것이 기타이치가라스의 시초로 석유램프는 이곳의 상징과도 같다. 오래된 목조 건물 안에 은은한 석유램프 불빛이 가득한 분위기가 정겨웠다. 이 밖에도 오타루 여행의 대표적인 장소라고 할 수 있는 오르골 본당과 디저트로 유명한 상점에도 다녀왔다.

▶ 석유램프

홋카이도 여행을 마치며

삿포로에서는 오전 4시가 넘으면 해가 뜨곤 했는데 오타루의 일출도 4시 8분, 일몰 7시 15분으로 우리나라보다 1시간 이상 일찍이 해가 뜨고 졌다. 이번 여행 기간 내내 공항은 물론 어디서나 한국인을 많이 볼 수 있었는데 우리가 무언가를 물어보려고 하면 그 사람도 한국인이었음을 알게 된 때가 여러 번 있을 정도로 한국인 관광객이 많았다. 로밍 없이 유심도 없이 다녔어도 크게 문제는 없었다. 현지인에게 길을 물어 볼일이 생겼을 때는 남편이 일본어로 물어보았다. 그래도 몇 가지 불편한 일이 있긴 했다. 삿포로의 숙소에 체크인할 때 직원과 말이 잘 통하지 않아서 한국인 아르바이트생이 통역해주었다. 오타루 역에 내렸을 때도 공항에 갈 기차를 예약해야 할지 말지를 묻고 싶었다. 겨우 역내 와이파이를 연결해서 물어봤는데도 의사소통이 잘되지 않았다. 다음에 자유여행을 하게 된다면 로밍이든 유심이든 사용한다면 의사소통이 훨씬 잘 되겠다는 생각이 들었다.

삿포로 여행 시, 보통은 비에이·후라노 투어를 하고 음식은 양꼬치, 카이센동 등을 먹는데 우리는 그러지 않았어도 충분했다. 삿포로는 겨울이 길고 눈이 많이 내려 본래는 겨울 여행지로 유명한 곳이다. 그런 삿포로를 여름에 와보니 한국보다 덥지 않아서 여름 여행지로도 제격이었다. 한 가지 아쉬운 점은 아사히카와시에 있는, 소설 〈빙점〉의 저자 미우라 아야코 문학관에 다녀오지 못한 것이다.

하지만 자유여행의 장점인 가고 싶은 곳에 가고 쉬고 싶을 때 쉬었으니 이것으로 만족한다. 내 나이와 건강을 생각할 때 이런 자유여행을 앞으로 몇 번이나 더 할 수 있을까 하는 생각에 마음이 쓸쓸해지기도 한다. 그렇지만 이번 여행도 참 좋았다.

▶ 오타루 운하를 배경으로

[인천일보 기사]

오래 머물고 싶은 곳 … 이곳은 인천의 섬입니다.
-2020. 11. 12 인천일보 기사로 실림

[영흥면 늦깎이 수필가 곽인화 씨]

국내외 여행기로 등단·책 발간 이후 블로그 통해

옹진의 풍경 꾸준히 기록

바다해설사까지 활동 지역홍보 앞장

"보면 볼수록 아름다운 섬의 형상과 바다에 매료되어 이곳에 정착한 지 어언 20여 년이 되었다. 앞으로도 이곳에서 오래도록 살고 싶고 길이길이 안주하고 싶은 심정이다." ―곽인화 수필「영흥도의 풍광과 그 매력」중에서

▶ 인천일보 기사

인천 옹진군 영흥면에 사는 곽인화(65) 씨는 '늦깎이' 수필가이다. 회갑을 앞둔 2010년 등단하고 2011년 한국문인협회에 가입했다. 지난 2012년 수필집 『길 위에서 사는 사람들』이라는 책도 냈다. 이후에도 곽 씨는 꾸준히 블로그를 통해 자신의 일상을 공유하면서, 지난해에는 옹진군 홍보 블로거로 활동하는 등 인천 섬 지역의 아름다운 풍경을 알리려 노력해왔다.

"지금까지 옹진군 7개 면에 걸쳐 있는 섬 지역을 모두 다녀왔습니다. 덕적도 주변에 있는 굴업도, 문갑도, 백아도 같은 섬까지 방문해 아름다운 바다 풍경을 사진으로 찍고 개인 블로그에 올려왔어요. 인천 풍경을 담은 여행수필을 쓰면서 지역을 홍보하기 위해 노력해왔습니다."

지난 2일 전화 인터뷰를 통해 곽 씨는 인천을 자랑하고 싶은 곳이라 소개했다. 처음엔 영흥도가 답답하게 느껴지기도 했으나 이제 그에게 영흥도는 '제2의 고향'으로 자리잡았다. 20여 년간 영흥도에 살면서 자신이 본 인천 섬의 아름다운 모습들을 다른 사람들에게도 소개해주고 싶은 마음이 크다. 그는 문화관광해설사로 활동하기 전 바다해설사로도 활동했었다. 관광객들과 함께 영흥도를 다니며 때론 지나칠 수 있는 풍경을 알려주곤 한다. 그리고 이를 꼼꼼히 사진과 글을 통해 기록하곤 한다.

이전까지 곽 씨는 자신이 '글쟁이'가 될 것이라곤 생각하지 못했다. 다만 그는 고등학교만 졸업한 것이 사무쳐 40대 후반부터 뒤늦게 영어 공부를 시작했고, 방송통신대학교와 인천대학교 대학원 등 10년 가까이 배움의 길을 걸었다. 그러다 우연히 지인의 추천으로 시작한 글쓰기는 등단으로 이어졌고, 곽 씨에게 수필가라는 새로운 길을 열어줬다.

"제게 글은 '일상'과 같아요. 매실 농사를 지으면서도 여행을 다니면서도 늘 기록하려고 노력합니다. 인천에서 여유롭게 살면서 평생 글을 쓰고 싶습니다."

[TBN 경인교통방송 인터뷰]

―2020. 11. 19. 경인교통방송

'장수정의 달리는 라디오' 전화 인터뷰

※ 인천일보에 내 기사가 나온 지 일주일 후에 경인교통방송에서 전화가 왔다. 아래는 경인교통방송의 '장수정의 달리는 라디오' 프로그램에서 '색다른 인터뷰' 시간에 전화로 통화한 내용이다. 장수정은 '장_'으로 곽인화는 '곽_'으로 표기했다.

▶ 경인방송 인터뷰

장_ 영흥면 아름다운 섬이지요. 영흥면에서 수필가로 등단해서 지금 섬 지역의 풍경을 담는 여행수필을 쓰고 계신 곽인화 수필가와 전화 연결을 통해 이 지역에 대한 이야기를 자세히 들어보겠습니다. 작가님 안녕하십니까?

곽_ 안녕하세요?

장_ 회갑을 앞두고 등단하게 되셨다고요? 이렇게 천천히 수필가로 활동을 시작하시게 된 계기가 있으셨나요?

곽_ 네. 제가 평소에 책 읽기를 좋아했어요. 그렇지만 글을 쓸 생각은 하지 못했지요. 그러다가 50대에 들어서 지인이 권유했어요. 자꾸 써보라고. 그래서 글을 쓰기 시작했고 2010년도에 등단했어요. 그 후 2012년도에 첫 수필집을 발간하게 되었어요.

장_ 네.

곽_ 지금은 한국문인협회에 가입하고 활동하고 있습니다.

장_ 와, 멋지십니다. 제2의 인생을 살고 계시다고 표현할 수 있을 거 같은데요. 늦은 나이에, 하긴 늦은 나이라고 표현하는 것도 맞지는 않는 것 같은데요. 그 과정과 용기도 대단하신 것 같고 쉽지 않으셨을 거예요. 힘든 점은 없으셨나요?

곽_ 제가 고등학교에 다닐 때 가정형편이 넉넉하지 않았어요. 그래서 대학에 가지 못했는데 살면서 계속 아쉽더라고요. 그런 상태로 40대 후반에 영어를 공부해야겠다고 마음을 먹었어요. 그런데 어떻게 해야 할지 모르겠더라고요. 그래서 일을 하면서 그냥 TV를 틀어 놓고 영어가 나오는 프로그램을 닥치는 대로 봤어요. 그렇게 한 2년을 뭐가 뭔지도 모르고 하고 있는데 어느 날 인천시민대학에서 학생을 모집한다는 공고를 보게 됐어요. 그래서 인천시민대학에 들어가서 일주일에 두 번씩 재미있게 공부하면서 초등영어지도사 자격증을 취득하게 되었고 1년 과정을 졸업하게 됐어요. 그런데 제가 졸업 이후에도 일을 하고 있었거든요. 그래서 일을 하면서 영어 공부를 어떻게 계속할 수 있을까 하고 궁리하고 있는데 시민대학 교수님께서 방송대학 영문과를 추천해 주시는 거예요. 그래서 영문과에 들어갔는데 4년간 공부하는 게 굉장히 힘들었어요. 힘들기는 하지만 재밌더라고요. 대학을 졸업하고 나서 그대로 말까 하다가 다시 한번 도전해 보자 하고 2년 후에 다시 대학원에 들어가게 됐어요.

장_ 와아!

곽_ 대학원은 처음부터 굉장히 처음부터 어렵더라고요.

장_ 그렇지요.

곽_ 대학교하고는 차원이 달랐어요. 그렇지만 열심히 했고 수료도 했어요. 첫 번째 기간 내에 논문이 통과되지 못했어요. 그럴 때 제가 이게 제 한계인가 싶기도 했지만 최선을 다했기에 후회는 없었어요. 그런데 그래도 미련이 남더라고요. 포기하기에는 너무 아쉬워서 마지막으로 한 학기 더 시도해 보자 하고 노력한 끝에 논문이 통과하게 된 거예요.

장_ 아우(박수)~ 40대 후반에 TV로 영어 공부하다가 결국은 대학원 석사까지 되신 거예요. 지금 블로그를 통해서 일상도 공유하고 옹진의 섬 풍경도 기록하면서 (옹진군) 홍보 블로거로 활동하고 계시잖아요. 아름다운 옹진 섬 자랑 좀 해주시죠.

곽_ 네. 모르시는 분들이 많은데 옹진군은 행정구역상 인천광역시에 속해 있어요.

장_ 맞아요.

곽_ 모두 7개 면으로 되어 있는데 영흥면을 제외한 6개 면이 모두 배를 타고 가는 섬으로 이루어져 있죠. 제가 7개 면을 모두 가봤어요. 가봤는데 하나같이 경치가 좋고 나름대로 특색이 있더라고요. 그중에서 금년 2월에 백령도, 대청도, 소청도 일대 10곳이 국가지질공원으로 인증받았어요. 그래서 이 지역 명소는 백령도의 사곶해변, 소청도의 분바위, 대청도 농여해변에 가시면 11억 년 전 퇴적암이 분포하고 있어요. 거기에서는 대청도의 상징과도 같은 나이테 바위를 보실 수 있으세요. 그리고 자월면에 속한 대이작도는 가수 이미자의 '섬마을 선생님'의 노래를 영화화한 촬영지예요. 영화 속에서 총각 선생님이 몸담았던 계남분교가 있거든요. 지금은 학교가 문을 닫았는데 영화촬영지 기념비가 그대로 남아있어요. 그리고 풀등도 굉장히 유명하지요.

장_ 네.

곽_ 풀등이라는 큰 모래섬이 있어요.

장_ 물 빠지면 나타나는 거요.

곽_ 네. 어마어마한 곳이지요. 이 밖에도 옹진 섬을 소개할 곳이 많지만 이 정도로 할게요.

장_ 하하하. 섬을 구경하고 온 기분입니다. 지금 바다해설사로도 활동하고 계시잖아요.

곽_ 바다해설사는 제가 전에는 했는데 활동하기 힘들어서요. 지금은 문화관광해설사로 활동하고 있어요.

장_ 와아! 진짜 활발한 활동을 하고 계십니다. 이렇게 지역홍보를 적극적으로 하는 만큼 또 섬들을 많이 사랑한단 느낌이 들어요. 앞으로도 글 쓰시면서 아름다운 인천의 바다와 섬들 소개하면서 이제 평생을 함께하실 건데요. 끝으로 우리 작가님 소망이 있으시다면요?

곽_ 네, 글을 쓸 수 있는 한 꾸준히 쓸 것이고요. 그리고 영흥도와 옹진 섬의 가치를 널리 알리고 싶어요. 그리고 제가 여행을 좋아하거든요. 코로나 상황이 종료된다면 국내건 해외건 마음껏 여행하고 싶어요. 하하!

장_ 작가님 앞으로도 인천을 아름답게 많이 알려주세요. 오늘 말씀 잘 들었습니다.

곽_ 네, 감사합니다.

4부

가족 이야기

나의 어머니

어린 시절

▶ 어머니의 5남매

나의 어머니는 유순덕(兪順德) 권사님이시다. 1932년 음력 12월 18일 황해도 연백군 호남면 읍동리 느주지에서 태어나셨다. 외할아 버지 유치순 권사님은 동네에 교회가 세워지고부터 그 교회에 다니며 신앙생활을 하셨다. 어머니도 아버지를 따라 어려서부터 교회에 다니며 신앙생활을 하셨다. 어머니 어린 시절, 친어머니가 아니라 마음고생을 많이 하셨으며 아버지에게는 한 번도 매를 맞지 않았다고 하니 새어머니에게 혼이 많이 나신 것 같다.

    어머니는 장녀였고 아래로 여동생 하나가 있는 상태로 외할아버지는 새로 아내를 맞으셨다. 새어머니는 딸을 하나 데리고 들어오셨는데 나이는 어머니의 친여동생보다 한 살이 많았다. 어머니는 국민학교를 다니다 중퇴하셨다고 한다. 학교에 다니려면 학용품이 필요한데 집에서 공책은 물론 미술 시간에 도화지와 크레파스 같은 준비물도 전혀 마련해주시지 않았다고 한다. 도화지는 없었지만 어머니께 그림을 그려달라는 학생이 있어서 그려주고 도화지를 얻어서 그렸는데 그림을 못 그리진 않았다고 하셨다. 아들들과 손녀가 미술에 소질이 있는 걸 보니 어머니의 영향인가 하는 생각도 든다. 이유는 학용품이 없어서 학교에 다니기가 힘들어서 그만두셨다고 하셨다. 그 후 딸들은 주로 집안일을 도왔는데 목화를 딸 때 목화솜 가시에 손이 찔려서 아팠다고 하셨다. 1950년 6·25 전쟁이 일어났다. 엄마는 피란 나오실 때 자다가 그냥 맨발로 나오셨는데 나중에 큰아버지가 들어가셔서 항아리에 묻은 옷을 가져오셨다고. 큰엄마와 사촌인 능기 오빠(장남)는 논에 간다며 호미 하나 들고 먼저 월남하셨다고 한다.

결혼생활

▶ 아버지와 어머니

어머니는 18세에 25세인 아버지와 결혼했다. 어머니는 집에서 농사일을 도우셨고 아버지는 초등학교 선생님이셨다. 어머니의 결혼 조건은 (외할아버지께서 예수만 믿으면 된다고 하셔서) 아버지가 교회에 다니는 것이었다. 결혼 후부터 아버지가 교회에 다니게 되셨다. 교회에서 세례를 받을 때 작은아버지도 함께 받았다. 작은아버지가 시아버지 되실 분이 어머니가 교회 다니는 거 반대한다고 하셨다고 한다. 세례받을 때, 목사님께서 어머니에게 교회에 출석을 잘하겠냐고 물으실 때 시아버지 되실 분이 반대하신다니 감히 그러겠다는 대답을 못 했다고 하셨다. 앞집에 사시던 고옥희 씨 아버지가 부모님 중매하셨다고 하는데 그분은 여러 번 뵈었다. 작은아버지 돌아가셨을 때, 고향 모임에서, 마지막으로 요양원에 계실 때 어머니가 같이 가보자고 하셔서 모시고 갔었다.

어머니는 아버지에게 순종적인 편으로 결혼생활에서 갈등은 많지 않았을 것 같다. 큰아버지는 일제 강점기 때, 일본사람에게 옷 만드는 기술을 배우셨다. 아버지는 월남해서는 큰아버지의 영향으로 양장 일을 하셨다. 처음에는 인천에서 옷 가게를 하시고 춘천에서 3년, 이리 시에서 7년, 온양에서도 양장점을 하셨다. 어머니는 4남 1녀를 두셨다.

내가 중2 때 겨울에 아버지와 오빠가 사고로 갑자기 세상을 떠나셨다. 그전까지는 세상 물정 모르고 집에서 살림만 하셨던 어머니는 갑자기 생계를 짊어지는 가장이 되셨다. 나는 중2, 큰동생은 초6, 둘째는 초3, 막내는 초1이었다. 그때부터 어머니는 우리가 사는 동네가 아닌 시골로 버스를 타고 다니시며 생선, 엿 등 주문한 것을 머리에 이고 팔러 다니셨다. 사람들은 물건을 사고는 돈보다는 주로 쌀로 주었기에 가져올 때는 갈 때보다 더 무겁게 이고 오셔야 했다. 나도 그런 어머니를 한번 따라가 본 적이 있다. 장사를 해 보지 않으셨고 순진하게만 살아오셨던 분이 힘들게 생활을 이끌고 나가시는 모습을 본 나와 동생들은 엄마에게 뭔가를 해달라고 하기가 힘든 분위기였다. 그래서 어머니를 더 이상 힘드시게 하지 않으려고 우리 자녀들 스스로 알아서 행동했던 것 같다. 어머니는 큰동생이 결혼해서 옷 가게를 차리고 자리를 잡을 때까지 그 일을 하신 것 같다. 그리고 지방에서 물건을 팔러 오신 보따리장수를 재워주시기도 하셨다. 나는 어릴 적부터 어머니의 영향을 받아서 오래도록 주일날 교회를 가지 않거나 가게 문을 열거나 물건을 사면 큰일 나는 줄 알았다. 지금은 그전처럼 철저하진 않지만 가능한 주일을 잘 지키려고 노력하고 있다. 딸(본인)은 영흥도에서, 장남이 된 웅기는 아산시에서, 차남인 원기는 대전시에서, 삼남인 동기는 수원시에서 가정을 이루고 잘살고 있다.

내가 결혼할 때 어머니는 시집가는 나에게 해주실 수 있는 최대의 혼수를 해주셨다. 그 당시 유행하는 빨간색 꽃무늬의 밍크 이불을 사주셨고 겨울 솜이불 2채는 솜을 사서 직접 만들어 주셨다. 나는 결혼 전까지 제대로 된 이부자리를 가지지 못했기에 이불을 무조건 크게 해달라고 했었다. 10년 후에는 그 이불이 너무 커서 불편해졌다. 그래서 그 말씀을 드리니 혼수 이불을 요로 다시 만들어 주셨다.

내가 할 수 있는 효도

효도에는 여러 가지가 있을 것이다. 큰동생처럼 어머니를 모시거나 다른 동생들처럼 용돈을 드리거나 그 외 다양한 방법이 있을 것이다. 내가 어머니께 할 수 있는 작은 효도라고 한다면 어머니의 마음을 들어 드리거나 보고 싶은 사람을 만나게 해드리는 일이라고 생각했다. 그래서 어머니가 가고 싶어 하시는 친척·친지의 집에 모시고 가기도 하고 때로는 둘이서 여행을 다녀오기도 했다.

2012년 여름, 결혼 후 32년 된 해이다. 이때 비로소 어머니랑 둘이서 여행을 떠날 수 있었다. 첫 번째로 자월도와 덕적도를 2박 3일 다녀왔다. 자월도에 도착하여 숙소 주인의 차를 타고 장골해변과 목섬 다리에 다녀오고 마을버스를 타고 한 바퀴 돌기도 했다. 그 펜션에는 주인장의 어머니인 듯 한 할머니가 계셨는데 어머니와 서로 말동무가 되어 친근해지셨다.

다음 날 오전에 덕적도에 도착했다. 마을버스를 타려고 부지런히 뛰었는데 마을버스는 반대쪽에서 출발해 버렸다. 숙소에 물으니, 대중교통편이 없다고 하여 오후 1시부터 걸어서 밧지름해변에 도착했다. 그 해변을 나와 서포리해수욕장을 향해 걷는데 비가 많이 와서 오가지 못하고 길옆 나무 있는 곳에서 비를 피하고 있었다. 어머니는 평소에 걸음이 빠르고 잘 걸으셨는데 이전만 못 하셨다. 이때 어머니가 나이 드셨다는 것을 실감했다. 숙소로 돌아오자 주인은 비가 많이 오는데 들어오지 않자 걱정이 되었는지 생각지도 않은 감자와 김치를 갖다주었다. 떠나는 날 아침, 일찍 마을버스를 탔다. 전날 가지 못한 서포리 해수욕장에 내려서 잠깐 사진 찍고 다시 돌아오는 버스를 탔다. 오랜 후에 어머니께서는 그때 섬에 갔을 때가 좋았다고 하셨다.

2015년에는 어머니와 1박 2일로 군산을 다녀왔다. 시내에 숙소를 잡고 신흥동 일본식 가옥, 군산세관 등을 걸어 다녔다. 둘 다 체력이 좋지 않고 음식도 많이 먹지 못해서 힘들었다. 그 후에는 차량을 이용해서 어머니를 모시고 남편과 강화도에 갔었다. 교동의 망향대에서 북한을 바라보며 실향민인 어머니의 아픔을 조금이나마 공감할 수 있었다.

목욕탕 에피소드

2014년 1월, 어머니 생신인데 미리 온양에 갔다. 겨울이라 목욕탕에는 온천을 이용하려는 사람으로 붐비는데 비교적 한가한 시간에 가니 사람이 많지 않았다. 탕 안으로 들어가니 뿌연 수증기로 인해서 먼저 들어가신 어머니는 보이지 않았다. 탕 안은 수증기로 뿌옇기도 하지만 노인들이 비슷한 파마머리를 하고 있어서 두리번거리고 있을 때였다. 어머니가 자리를 잡았다며 나를 이끄셨다. 그러고 보니 오래전 일이 생각난다. 국민학교 4학년 때 이리 시에서 전학을 왔을 때다. 어느 날 학교에서 담임선생님이 목욕표를 판매하셨다. 유일한 목욕탕이 신정관이었고 정가는 5원인데 학생들에게 3원에 할인표를 팔았다. 그런 사실을 처음 접하고 깜짝 놀랐었다. 나도 표를 샀고 목욕탕에 갔다가 엄청난 긴 줄이 있는 걸 보고 또 놀랐다. 사람이 워낙 많다 보니 한 사람이 나오면 한 사람을 입장시키고 있는듯했다. 들어가 보니 옷장이 꽉 차서 플라스틱 바구니 안에 소지

품을 넣어야 했다. 잘 보이지 않는 수증기 속에서 아이 우는 소리는 왜 그렇게 시끄럽던지 전쟁통 같은 목욕을 마치고 나면 다시는 가고 싶지 않았었다.

내가 사는 영흥도에서 온양온천까지는 1호선 전철이 연장돼서 가기에 편리해졌지만 약 4시간이 소요된다. 집에서 자동차를 타고 나와서 영흥도버스터미널에서 790번 버스를 타고 오이도역까지 가는데 1시간, 오이도역에서 금정역까지 또 40분, 거기서 온양까지 1시간 30여 분이 소요된다. 지금도 목욕탕에 가는 것을 즐기지 않는데는 어린 시절 온양목욕탕에서의 좋지 않은 기억이 목욕탕을 더 멀리하게 되었는지 모르겠다.

전철 1호선이 신창까지 연장되기 전에도 온양의 목욕탕에 가면 사람이 많았는데 연장 개통된 후에는 더욱더 북새통을 이루어 온양에 갔다가도 엄두를 내지 못하고 그냥 올 때가 많았다. 이번에 모처럼 어머니와 목욕을 다녀오니 큰일을 해낸 듯 뿌듯하다. 오후 2시 40분 버스로 출발하려는데 어머니께서 "꿈꾼 것 같구나. 왔다 이렇게 얼릉 가니까." 하셨다. 어머니는 얼굴이 건조하고 당기는 느낌이 들 때, "왜 이렇게 얼굴이 뼁뼁하지? 아까 (로션) 발랐는데." 하신다. 그리고 손에 끈적끈적한 것이 묻으면 '뿌떡뿌떡하다'고 하신다. 이 표현은 엄마 이외의 사람에게는 듣지 못한 단어다.

우리 집에 오셨을 때

어머니는 큰동생이 결혼한 직후에만 잠시 떨어져 살았고, 이후에는 큰동생 내외와 함께 사셨다. 조카들이 태어나서도 함께 지내왔다. 큰동생 내외가 어머니를 모시고 있는 것에 대해 늘 고맙고 미안하게 생각하고 있다. 2021년 추석 즈음 어머니와 통화를 했다. 어머니는 평소와 달리 "내가 왜 이렇게 오래 사는지 모르겠다"고 하시며 어서 천국에 갔으면 좋겠다는 비관적인 말씀을 하셨다. 그래서 우리 집으로 오시라고 하니 혼자서는 못 찾아간다고 하여 기다리시라고 말씀드렸다.

그러고는 창고건물 내에 있는 방 앞, 세탁기를 두는 공간에다 화장실 만드는 공사를 시작했다. 남편은 그곳에 여러 날 걸려 바닥에 시멘트를 바르고 타일을 붙이고 변기와 세면대를 사 와서 설치했다. 그리고 어머니를 모셔 왔다. 그러나 어머니는 오신 지 불과 5일 만에 가시겠다고 하시는 게 아닌가. 어머니는 평생에 한 번도 공예배 시간을 빼먹지 않으셨다. 심지어 몇 년 만에 우리 집에 오셨는데도 월요일에 왔다가 토요일에 가고 싶어 하셨다. 그래서 내가 엄마 새벽기도 하루도 빠지고 싶지 않으시죠? 하니 그렇다고 하셨다. 낮에는 남편이 수확한 땅콩을 손질하시고, 밤을 까시고 밤마다 소리 내어 성경을 읽으셨다.

어머니와 나는 주로 6평 집에서 지냈는데 어머니는 내가 자던 아래층에서 주무시고 나는 남편이 자던 다락으로 올라가고, 남편은 컨테이너 건물 속에 있는 자기 방에서 잤다. 어머니는 정해진 시간에 극동방송 TV를 보셨다. 그리고 그 외에도 원하는 시간에 꼭 틀기를 원하셔서 TV는 주로 어머니 차지였다. 현관문 여는 것, TV 트는 방법도 온양집과 달라서 무척 불편하셨을 거다. 여태 이렇게 오랫동안 집을 떠나보신 적이 없으셨다. 어머니가 20일을 계시다 가시고 나니 집안이 텅 빈 것 같았다.

2023년 11월이다. 딸이 허리가 많이 아파서 영흥에 와 있었다. 어머니는 혼자서 못 오시니 막냇동생이랑 오셨다. 오실 때 가래떡을 해오시고 갈비탕도 사 오셨다. 손녀가 아파서 영흥집에 와 있다니까 궁금하시고 걱정되셔서 그런 것으로 생각했다. 그런데 누워있는 손녀 옆에서 찬송 부르시고 기도해 주셨다. 그러니까 말하자면 심방을 오신 셈이었다.

귀지 사건

온양에 갔을 때다. 어머니는 얼마 전부터 왼쪽 귀에 통증이 있고 잘 들리지 않아서 이비인후과에 가셨는데 큰 병원으로 가라고 진료의뢰서를 써주셨다고. 그래서 같이 사는 큰동생에게 말하여 당장 다른 이비인후과에 가셨다고. 어머니는 많이 아파도 참아야지 하고 있었는데 의사가 따끔해요! 함과 동시에 생각보다 훨씬 적은 통증을 느꼈고 귀지가 엄청 많이 나왔다고. 귀지가 많은 데다 염증도 생겼지만 병원에 다녀온 덕분에 지금은 훨씬 괜찮아지셨다고 하셨다. 점심을 먹고 나서 동생이 운영하는 카페가 걸어서 8분 거리였는데도 더워서 못 걸으시겠다고 하셨다. 다른 때 같으면 차를 타고 가시자고 해도 운동 삼아 걷겠다고 하셨을 텐데 평소에 잘 걸으시고, 걷기를 좋아하셨는데 연세가 많으시니 몸이 많이 약해지셨다는 걸 느꼈다.

작년 봄, 딸과 함께 전철을 타고 온양에 갔을 때의 일이다. 엄마 가슴 아래에 멍울이 있어서 가끔 아프고, 항문 부근에 쥐젖이 몇 개 있다고 하셨다. 어머니는 앉을 때마다 불편하다고 하셔서 다음 날 아침 일찍이 병원에 모시고 갔다. 병원에서 초음파를 했는데 의사는 혈관종인데 크기가 커서 입원하여 수술해야 하며 쥐젖은 혈관종 수술할 때 같이 떼 내면 좋을 듯하다고 하셨다. 엄마는 다음 날 오전, 수술이 가능하다고 하는데도 하시지 않겠다고 하여 그냥 돌아왔다.

어머니의 평소 생활

어머니는 만날 때마다 잠옷 바지, 양말, 여름용 면 티셔츠, 참기름, 미숫가루 등을 미리 준비하셨다가 주시곤 한다. 올 1월에도 어머니의 생신날, 온양에 간다고 전화를 드리니 어머니는 떡을 해주고 싶은데 무슨 떡을 해주면 좋겠냐고 하셨다. 나는 현미 가래떡이 가장 좋긴 하다고 했더니 그걸로 해주셨다. 우리 남매들에게 김, 참기름 등 이것저것 싸주셔서 가지고 왔다. 어머니는 사과와 약식을 좋아하신다. 나는 온양에 갈 때마다 약식을 해 가지고 갔다. 집에서 농사지은 밤과 땅콩을 넣어서 만들었다. 어머니가 주시는 것에 비하면 참으로 초라하지만 어머니는 그거면 된다고 하셨다.

▶ 어머니

온양성결교회 내에 집을 짓고 살 때다. 새벽기도에 다녀오시면 혼자 찬송을 부르시곤 하셨는데 목소리가 고우셨다. 모든 예배에 참석은 물론 매일 성경을 읽으신다. 지나치다 싶을 정도로 CTS 기독교 텔레비전방송 한 가지만 보신다. 특히 오후 2시에 환자들을 위한 기도 '콜링갓' 프로그램의 진행자인 브라이언 박 목사님(지금은 진행자가 바뀌었지만)을 좋아하셨다. 우리를 만나면 늘 그 방송을 보라고 권하셨다.

　인천에서 온양까지 전철이 생기기 전에는 종합터미널에서 버스를 타고 가고 올 때도 그랬다. 온양에서 인천행 버스를 타고 출발할 때면 버스가 보이지 않을 때까지 손을 흔들어주셨다. 그 후 전철을 타고 온양에 갈 때면 미리 역에 마중 나오셨다. 인천행 전철을 탈 때도 전철 타는 곳까지 올라와서 갈 때까지 계시다가 출발할 때는 내가 보이지 않을 때까지 손을 흔들어주셨다. 이때 괜히 눈물이 났다. 어머니를 만나고 오는 길은 마음에 뭔가 꽉 차오르는 기분이었다. 어머니의 사랑이 전해져 감동스러웠다.

　어머니 생신이면 온양에 계시는 어머니에게 가곤 했다. 올 1월, 내가 가지고 있는 목걸이와 브로치를 갖다드렸다. 평생 몸에 액세서리를 하고 계신 모습을 본 적이 없어서. 혹시 한번은 하고 싶었을 수도 있겠다 싶어서다. 목걸이를 해드렸더니 멋 부리는 것 같아서 싫다고 하셔서 그러면 어떠냐고 괜찮다고 하니 안 하고 싶다고 하셔서 목걸이는 가지고 오고, 브로치는 어머니 겨울옷에 달아 놓았다. 점심에 함께 외식하고 식당에서 집으로 향하는 길이었다. 어머니는 평소 같으면 식사하는 데 따라나서지 않는다고 하셨다. 어머니는 위와 치아가 좋지 않아서 잘 씹지도 못하고 또 매운 것을 전혀 드시지 못하기 때문이다.

　2년 전, 5월에 온양에 갔을 때다. 마침 집에 있던 큰조카는 그날이 내 생일인 걸 알았는지 케이크를 사 왔다. 생일 노래를 불러주고 용돈도 주었다. 어머니께 어디 아픈 데 있으세요? 그러면 아픈 데는 많지만 아프다고 하시진 않으신다. 어머니는 지금 몸은 아파도 마음으로는 감사만 하며 지내신다. 언젠가도 그러셨다.

"나는 지금 참 만족해, 아주 만족해 감사해. 교회에서 찬송을 부르면 그게 내 기도더라구. 새벽에 안 빠지는데 내 기도를 부르더라구. 참 은혜 돼. 1월에 특별새벽기도회를 20일까지 했는데 지난 주간은 추워서 못 갔어. 내가 가고 싶으니까 가지 억지로 못해."

사람들은 내게 어머니와 얼굴이 많이 닮았다고 말한다. 나는 얼굴뿐 아니라 믿음 생활도 닮고 싶다. 어머니께서는 경제적으로 여유가 없어서 잘해주지 못했다며 늘 자신을 부족하게 생각하신다. 하지만 어머니께서는 자신의 모든 걸 다 내어주셨다는 걸 안다.

어머니의 일생을 보면 일제 강점기를 지나왔고 6·25 전쟁을 겪으며 빈손으로 월남하여 힘들게 살아오셨다. 몸에 좋은 거는 못 먹어도 나쁜 거는 먹지 않는다시며 절제 생활을 하셨다. 어머니의 성품이 곱고 착하여 하나님이 긴 수명과 비교적 평안한 삶을 주신 것 같다. 어머니는 나에게 딸이 있어서 좋다고, 딸이 없었으면 어땠을지 모르겠다고 하신다. 나도 그렇다. 내게 이런 어머니가 안 계셨다면 세상살이가 얼마나 쓸쓸했을까 싶다. 낳아주시고 길러주시고 나를 사랑해 주시는 어머니. 앓지 않고 건강하게 사시다가 하나님 나라에 가시도록 하나님께 기도한다. 어머니의 딸이어서 좋았다. 어머니 사랑합니다!

▶ 어머니와 나(막냇동생 작품)

어머니 실향민 모임 참석 일지

누구에게나 고향이 있다. 고향은 일차적으로는 자기가 태어나서 자란 곳을 의미하나 마음속에 있는 그립고 정든 곳도 고향이라고 할 수 있다. 고향을 떠나 타향에 사는 사람은 언젠가는 고향에 가보고 싶은 마음이 있다는 것을 알 것이다. 내가 사는 영흥도에도 젊어서는 도시에 나가 살다가 퇴직하거나 나이가 들어 다시 고향으로 돌아와 사는 사람이 적지 않다. 남편도 그렇다. 영흥도에서 중학교를 졸업하고 고등학교를 인천으로 진학했다. 그 후 직장생활을 하다가 몇십 년 만에 어머니가 계시는 영흥 집으로 돌아왔다. 나도 대여섯 살 때 이리시(익산시)에 이사 갔다가 초등학교 4학년 때 온양온천(아산시)으로 이사했었다. 나이가 어려서 그런지 태어난 고향은 생각이 나지 않아도 이리시의 그 집과 교회가 늘 그리웠고 궁금했었다. 그래서 45년 만에 어머니를 모시고 남편, 동생과 함께 2009년도에 다녀온 적이 있다. 내 기억 속에는 넓은 길옆에 아버지의 양장점이 있었다. 실제 가보니 그 길이 생각보다 넓지는 않았지만 그래도 다녀오니 속이 후련했다.

내 어머니는 실향민이다. 실향민(失鄕民)은 고향을 떠난 후 고향에 자유로이 돌아갈 길이 막힌 사람들이다. 좁은 의미로는 6·25전쟁 때 월남하여 남한에 정착한 북한 출신자를 총칭하는 개념이기도 하다. 어머니도 일찍이 고향을 떠나셨다. 황해도에서 사시다가 결혼하셨고 아버지와 어린 오빠와 함께 1·4 후퇴 후 몇 달 지나서 월남하셨다. 황해도 연백군 호남면 읍동리 골몰에서 증산까지 걸으셨다. 거기서 하루 자고 다음 날에야 용매도에 도착했다. 용매도에서는 바닷물이 빠진 썰물 때에 맞춰서 아버지는 어린 오빠를 목말을 태우시고 바다를 건너서 강화도 교동까지 걸어오셨다고 들었다. 어머니는 20여 년 전부터 황해도의 고향에 살던 사람들의 모임에 다니셨다. 나는 오랫동안 별 관심이 없었는데 나이를 먹어 철이 들었는지 해마다 어머니께서 가시는 그 모임에 가보고 싶어졌다. 어머니는 온양온천역에서 전철을 타시고 구로역에서 환승하여 동인천역에 내리셨다. 그 모임에 참석하시기 위해서 하루 전에 오셨다. 신포동 이모네 집에서 주무시고 다음 날 이모님과 그 모임에 갔다가 온양으로 가시곤 하셨다. 어머니가 인천에 오실 때면 나도 어머니를 만나러 영흥도에서 인천에 가곤 했다.

-2011년 4월 26일, 고향 모임에 처음으로 참석하기 위해 영흥도 집을 나섰다. 1호선 소사역 1번 출구 10시 30분까지 모여서 장원가든 봉고차를 타고 11시에 식당에 도착했다. 청주 큰어머니의 동생인 이태영, 이영자 이모님과 이경숙(완배 삼촌의 누나)이모님도 오셨다. 연천에서 오시는 여자분은 잘 걷지 못하는데 아드님이 모시고 왔다.

-2013년 4월 23일, 참석자 23명. 박승관, 박경석, 장태헌, 장숙녀, 이유감, 유한구, 이진애, 이종익, 이광순, 최점분, 유연근, 유순심(신포도 이모), 이명순, 이왕세, 이운배, 이학희, 이영자, 곽인화(본인), 유순덕(어머니), 이영실, 송정원, 이재희, 황혜자

-2014년 5월 6일, 14명이 참석했다. 앞에다 '황해도 연백군 호남면 읍동리 향우회 친목대회'라고 쓴 플래카드와 그 아래에 조밭의 사진을 붙이셨다(조를 많이 심었다고 하심). 박경석 회장님은 합창곡을 직접 써서 책으로 만들어 오셨다.

▶ 어머니 실향민 모임

진행 순서:

1. 개회사

2. 묵념

3. 회장 인사말씀

4. 경과보고

5. 노래 제창: 우리의 소원, 고향의 봄

6. 친교의 시간(오찬, 오락)에 향우회 합창곡에서 노래를 부름

순서지(이재희 총무님)와 노래책을 주셨다.

임원명단

고문	박승관 장태학 유관석
회장	박경석
부회장	장태헌
총무·회계	이재희
부총무	이영실

-2015년 4월 21일, 어머니의 고향은 황해도 연백군 호남면 읍동리 느주지이고, 아버지 고향은 황해도 연백군 호남면 읍동리 골몰당하(증산 아래)로 이재희 총무님, 박경석 회장님과 한동네에 사셨다고 한다. 올해 모임에서 장태헌 님께 고향에서 아버지와 함께 있

을 때 일어난 사건에 대해 들었다. 1951년 봄인 것 같다. 동네 남자들 5명(아버지 포함)이 피란을 갔었다. 배를 반이섬에 대고 뗏마로 강화에 상륙해서 지내다가 양식이 떨어져서 쌀을 가져가려고 다시 집으로 왔었다. 당시 옷은 바지와 저고리를 입은 상태였다. 쌀을 가지고 돌아가다가 약 15미터 앞에서 인민군을 만났다. 쌀을 버리고 뛰니 뒤에서 따발총을 쏘았다. 장태헌 님과 아버지는 정면으로 뛰었고 다른 분들은 다른 방향으로 뛰었다. 함께 뛴 다섯 명 중 아버지와 장태헌 님 둘만 살아남았다. 개울(논)이 넓고 물이 많았다고 하셨다. 모내기하고 얼마 되지 않았을 때인데 논을 지나 대간선(저수지에서 물을 주는 곳) 넘어 장태헌 님은 누나네 집으로 도망갔다. 누나는 아기를 막 낳은 상태였다. 목숨 걸고 뛰어서인지 거울을 보니 흰자위가 빨갰다. 그걸 보시고 매형이 병이 있는지 물어보셨다고 한다. 힘들어서 그대로 잠을 잤다. 거기에 숨어있는데 인민군이 찾아와서 누나에게 "당신 남편 피난 갔다 왔지?" 하고 물으니 누나는 "하루 갔다 왔다."고 했고 누나네 집에 하루 종일 인민군이 왔다 갔다 했다고 한다.

-2016년 4월 28일, 장원가든에서 모임

-2018년 4월 17일, 이 고향 모임(황해도 연백군 호남면 읍동리)은 1957년 4월 서울 법주사 앞에서 처음 모이기 시작하여 지금 63년째라고. 박경석 회장과 이재희 총무님. 어머니는 처음에 참석한 이래

한 번도 빠지지 않았다고 하셨다. 1년에 한 번 모이는데 1년에 한 번 이렇게 모인 곳이 이 실향민들에게는 바로 '고향'이라고 하셨다. 이 모임의 참석자들은 김포, 용인, 온양, 인천 등에서 오신다고 하셨다. 황해도 연백군 호남면 읍동리(골몰과 느주지)에서 132명이 피란 나오셨고 돌아가시면 인천지구 황해도민 묘지에 묻힌다고 하셨다. 이재희 총무님의 건강이 좋지 않아서 식사 후 바로 모임을 마쳤다. 모임 마치고 어머니께 외숙모 집에서 자고 다음 날 영흥도 우리 집에 가시자고 하니 그날이 수요일이라서 빠지고 싶지 않다고 하셔서 외숙모 집에서 자고 다음 날 헤어졌다.

마지막 이야기

2019년에도 5월경, 모임 날짜를 잡았다가 연기됐는데 그 이후로는 COVID-19로 인해서 영영 못 하게 되었다. 모두 연세가 많아서 인원이 점점 줄어들고 있었다. 2001년도 현재. 재적인원이 90명이었다. 지금은 연세가 많아서 세상을 떠나신 분들이 많아서 15명 이내로 모였다가 그나마 이젠 끝이 났다. 그 모임에서 어머니는 처음으로 제주도에 다녀오기도 하셨다. 몇 년 전, 어머니가 고향 보이는 곳에 가보고 싶다고 하셔서 강화군 교동도 망향대에 모시고 갔었다. 망향대는 황해도 연백에서 피란 와서 정착한 실향민들이 고향 땅을 바라보며 제사를 지내는 곳이다. 교동면 북서쪽 해안에 있는 망향대에서는 물길 건너로 북녘땅이 아주 가깝게 보였다. 분단 전에 교동도와 북한의 연백군은 생활권이 같아 뱃길로 왕래가 잦았지만 분단 이후 연백군 등 황해도에서 온 내려온 피난민들은 고향에 돌아갈 수 없게 되었다. 남편이 운전하는 차를 타고 갔다가 교동도에서 자동차 문 2개가 크게 찌그러져서 한 개는 갈기도 했지만 그래도 어머니의 소원을 조금은 이루어 드린 것 같아 뿌듯했다. 고향 모임이 어머니에게는 일 년 중 가장 기다려지는 날 이었을 텐데…. 2년 전에는 수십 년간 이 모임을 위해 애쓰신 이재희 총무님이 돌아가셨다. 어머니는 올해 초, 아버지와 함께 피란 갔다가 두 분만 생존하셨다는 장태헌 님을 비롯해서 어머니 연배의 어르신들이 대부분 세상을 떠나셨다는 박경석 회장님의 전화를 받으셨다.

 6·25전쟁 시 자유를 찾아 월남한 실향민들은 고향을 지척에 두고도 분단된 현실 때문에 고향을 찾지 못한 지 70년이 넘었다. 그렇게 대다수가 고향 한번 가보고 싶은 그 소박한 꿈을 이루지 못한 채 생을 마감한다. 그런 실향민 1세대의 모습이 너무나 안타까울 뿐이다.

세상에 둘도 없는 자매
—신포동 이모

외할아버지는 피란 나오시기 전, 황해도 연백에 사셨다. 외할아버지는 결혼 후, 딸 둘을 낳으셨다. 그중 큰 딸이 우리 어머니고 동생이 신포동 이모다. 나중에 재혼을 하셨다. 그때 새어머니가 딸을 하나 데리고 오셨고 재혼 후 딸 하나와 아들을 셋 낳으셨다. 그러니까 전부 딸이 넷이고 아들이 셋으로 7남매지만 어머니와 신포동 이모의 사이는 그 누구보다 각별할 수밖에 없었을 것이다. 그 외할머니에 대한 최초의 기억은 초등학교 6학년 방학 때였다. 아버지가 외갓집에 다녀오라고 하며 할머니 겨울 코트를 만들어 주셨다. 온양역에서 기차를 타고 영등포에서 환승하여 동인천역에 도착했다.

어머니가 그려주신 약도는 아주 단순했는데 실제의 모습은 전혀 딴판이라서 몹시 당황스러웠다. 심지어 전화번호도 몰랐다. 처음부터 어떻게 찾아가야 할지 몰랐는데 이렇게 저렇게 헤매며 결국 수건공장의 기계 소리가 나는 곳을 찾아갔다. 지금 생각해도 어떻게 찾아갔는지 모르겠다. 어머니의 말씀처럼 외할머니는 수건공장을 하고 계셨는데 일이 바쁜지 온 가족이 매달려서 수건을 상자에 넣어 포장하고 있어서 나도 같이 일손을 도왔다. 집에는 그 당시에 귀했던 피아노도 있었다. 할머니는 정적인 외할아버지와 달리 활동적인 사업가 같아 보였다. 찹쌀을 쪄서 절구에 찧어 인절미를 해주시기도 했고 나에게 친절하게 대해주셨다. 그리고 이모를 만나서 이모네 집에서 며칠 지냈다. 이모는 나를 데리고 목욕탕에 갔고 또 라면이 새로 나왔는데 라면과 국수를 섞어서 끓여주시기도 했다. 이모는 신포동에서 쭉 사셨고 우리는 이모가 셋이어서 이 이모를 신포동 이모라고 부르고 있다.

▶ 어머니(왼쪽) 이모(오른쪽)

어머니는 이북에서 피란 나온 이래로 인천이 아닌 곳에서 살았고 특히 온양에서 오래 사셨다. 반면에 이모는 월남하신 친정부모님이 인천에 거주하셔서 같은 인천에 살면서 친정 부모님에게 실제적인 장남 역할을 하지 않았나 생각이 든다. 이모는 장사를 오래 하셨는데 가게를 비울 수 없어서 어머니가 인천에 가서 이모를 만나곤 하셨다. 이모는 신발가게를 하시다 나중에 쌀장사를 오래 하셨다. 이모는 우리 아버지가 돌아가셨을 때 온양에 오셨는데 (나중에 들으니) 하루아침에 형부와 조카가 세상을 떠나서 엄청난 충격을 받았다고 하셨다. 우리 아버지가 갑자기 돌아가시자 경제활동을 전혀 해보지 않아 생계가 막막해진 어머니가 꿀을 가지고 이모네로 가셨을 때 이모가 꿀을 모두 사주셨었다. 그 밖에도 이모는 어머니뿐 아니라 나에게도 늘 잘 해주셨다. 뭐든 주시려고 하셨다.

▶ 이모와 나(이모: 왼쪽 첫 번째, 나: 왼쪽 세 번째)

아주 오래전 이모한테 들은 얘기다. 십일조 통에 넣어둔 십일조를 헌금하려고 꺼내는데 이모부가 반대하여 서로 실갱이를 하다가 손가락이 부러졌는데, 붙잡고 계속 기도하니 붙었다고 하셨다. 지금은 없어졌지만 통행금지가 있던 시절이고 내가 잠시 이모네 집에서 살고 있을 때의 일이다. 이모가 사시던 집과 교회는 걸어서 10분 정도 걸린다. 집에서 일을 마치고 함께 교회로 철야 기도를 하러 가는데 통행금지 사이렌이 울리자 경찰이 우리를 잡았다. 그러자 이모는 지금 교회에 가는 데 문제가 될 게 있느냐는 식으로 당당하게 말씀하셨다(교회에 가는 건 문제가 없다고 생각하신 듯하다). 옆에서 내가 "12시가 지난 시간에 다녀서 죄송하다."고 하고 끝냈다. 이모도 어머니처럼 평생 교회 예배에 빠지지 않고 신앙생활이나 교회 일에 열심이셨다. 외할아버지가 돌아가시기 전에 마지막 만났을 때 이모에게 그동안 잘했다고 칭찬을 해 주셨다고 하셨다. 어느 날은 나에게 배우지 못해서 너무 속상할 때가 많다고 하셨다. 학교에 제대로 보내시지 않은 부모님에 대한 서운한 마음이 있어 보였다.

어머니는 신포동 이모네 집까지는 혼자 오실 수 있었다. 온양온천역에서 전철을 타고 구로역에서 인천행으로 갈아타고 동인천에서 내려서 한 10분 걸으면 신포시장에 있는 이모네 집에 도달한다. 우리가 인천에서 살다가 영흥도로 이사를 한 후 어머니가 오시면 나는 특별한 일이 없는 한 인천으로 가곤 했다. 이때 어머니와 이모를 둘 다 만날 수 있어서 좋았다. 이모 유순심(兪順心) 권사님은 건강하셔서 장사를 잘하시고 전도도 많이 하시고 주변에 베푸는 걸 좋아하셨다.

    2006년에 이모부가 돌아가시고 이모 혼자 되셨다. 나는 인천에서 영흥도로 이사 간 뒤에도 몇 달에 한 번은 이모님을 찾아갔다. 2010년 겨울이다. 차디찬 방에서 난방도 없이 전기장판을 깔고 주무시고 계셨다. 일하시느라 힘드신지 신음소리를 내시며… 내가 잠깐 머무는 사이에도 너무 추워서 그냥 앉아 있을 수가 없어서 나도 이불을 뒤집어쓰고 전기장판 위에 누웠다. 집에 돌아와서도 마음의 괴로움이 가시지를 않았다. 궁리 끝에 남편과 상의하니 기름을 넣어드리라고 했다. 그 말을 들으니 어찌나 좋은지 기쁜 마음으로 인천에 갔다. 어머니는 일 년에 한 번, 고향 사람들의 모임이 있는 전날이면 인천에 오셨다. 그러면 나도 인천에 가서 어머니와 함께 자유공원에 산책도 하고 다음 날이면 이모와 어머니와 함께 실향민들 모임에 함께 다녀오기도 했다. 이때도 참 좋았다. 이때까지 이모님은 건강하셨다.

    2016년이다. 이모가 몸이 많이 아파서 병원을 계속 다니실 때다. 온양에서 어머니가 오셨을 때 외숙모가 점심을 사주셔서 함께 갔다. 이모는 사골만둣국을 조금 드셨는데 이후에는 거의 못 드셨던 것 같다. 그다음에도 어머니와 함께 이모 문병을 다녀왔다. 이때는 정신이 말짱하셔서 이런저런 대화를 나눌 수 있어서 다행이었다. 그러나 그다음에는 얼굴은 잠깐 알아보셨지만 대화가 지속되지 않았었다. 이모 문병을 마치고 어머니가 막내 외삼촌 집에 가자고 하셔서 거기도 갔었다. 막내 외숙모는 갑자기 갔는데도 금방 밥상을 차려주셔서 잘 먹었다. 막내 외삼촌도 많이 아프시다고 들었는데 이후에 얼마 살지 못하고 세상을 떠나셨다. 이모를 마지막으로 만나고 온 지 한 달 후인 5월, 이모가 돌아가셨다는 연락을 받았다. 장례식장에서 친척들을 모두 만났다. 중부교회 교인들과 시장 사람들도 많이 오셨다. 이모가 돌아가신 것은 가슴 아프지만 그래도 오래도록 아프지 않아서 고통을 덜 당하신 것 같아서 다행이고 감사했다.

아버지 55주년 추도식

▶ 아버지 추도식을 마치고

요즘은 아버지 추도식(追悼式)에 거의 가지 못했다. 작년 12월 7일은 청주에서 사촌인 현기오빠가 온다고 하여 온양에 갔다. 큰동생 집은 그날따라 보일러가 고장이 나서 집이 냉골이라 방바닥에 이불을 이것저것 두툼하게 깔아놓았었다.

아버지에 대한 추억

나의 아버지는 고향이 평양이라고 하셨다. 그 후 황해도로 이주하여 가까운 이웃 마을에 사시던 어머니와 결혼하셨다. 우리 아버지는 춘천사범학교(현 춘천교육대학교) 졸업 후 교사를 하고 계셨는데 결혼 후 막내이모가 아버지 계시는 학교에 다녔다고 한다. 아버지가 춘천에서 학교를 다니실 때, 나무를 때서 밥을 해 드셨다고 한다. 땔감이 귀해서 조금씩 넣어서 밥을 하셔야 하는데 하루는 말리려고 널어놓은 장작이 한꺼번에 타버리는 바람에 밥을 굶으셨다고 한다. 어머니는 같은 교회 다니는 사람들이 아버지의 성격이 싹싹하고 부드러워서 연한 배 같다고 했다고 하셨다.

나는 전북 이리시(현 익산시)로 이사한 날부터 기억이 난다. 한 5~6살 되었을까? 학교에 입학하기 전부터 국민학교 4학년 때 온양온천으로 전학하기 전까지 6~7년을 이리시에서 살았다. 우리는 이리역 근처의 이리삼광성결교회에 다녔는데 아버지는 1963년에 장로 장립을 받으셨다. 이때 할머니, 큰아버지, 작은아버지 등 친척들이 많이 오셔서 축하해 주셨다. 아버지는 위치가 좋은 중심가에서 양장점을 하셨는데 양장점 뒤란에는 유리 온실이 있는 넓은 정원도 있었다. 아버지는 장사가 잘되자 사업을 확장하고 싶으셨는지 그동안 하시던 리라양장점 이외에 다른 곳에 미림양장점을 내시고 원단가게도 하셨다. 그게 잘못돼서 온양으로 이사를 하게 된 것 같다.

4학년 때 온양온천으로 이사 와서 온천국민학교에 다닐 때다. 내가 아침을 먹지 않고 등교했는지 아버지께서 교실로 도시락을 가지고 오셔서 깜짝 놀라고 당황했었다. 언젠가도 그 바쁘신 분이 운동회 때도 잠깐 오셨었다. 아버지는 월요일에서 토요일까지 영업을 하시고 매 주일이면 주일을 지키시느라 양장점 문을 닫으셨다. 그러시느라 가족이 나들이를 하는 일은 거의 없었다. 어느 주일날 오후였다. 온양 저수지로 모처럼 바람을 쐬러 갔다가 큰동생의 팔이 삐었었다. 나는 주일에 나가서 벌을 받은 건가 하는 생각이 들기도 했었다.

초등학교 때 내가 다닌 온양온천국민학교에서 아버지의 양장점까지는 멀지 않았다. 점심때 아버지한테 가면 점심값으로 10원을 주셨다. 그걸로 5원어치 만두를 사 먹고 남은 5원은 옥수수빵을 사 먹기도 했다. 옥수수빵은 학교에서 순번을 정해서 일부만 무료 급식으로 주었는데 나는 그 빵을 좋아했다. 아버지는 일이 끝나도 가게를 지키시느라 양장점에서 주무셨다. 당시에는 문이 허술해서 문단속이 쉽지 않고 도둑이 많았다고 한다. 집에서 식사를 하시기 힘든 아버지를 위해 어머니는 밥을 준비해 주셨고 내가 양장점에 밥을 날랐다.

슬픈 가족사

내가 온양여중 2학년이던 겨울(1969년)이었다. 당시 아버지는 의류 제품을 만드는 일을 하셨고 그 공장 방에서 오빠와 함께 주무셨다. 그날이 주일이었는데 아버지와 오빠가 제시간에 오시지 않자 어머니가 이상하다며 나더러 가보라고 했다. 문을 아무리 두드려도 소식이 없자 나는 이웃에게 도움을 청했다. 그때는 주로 연탄을 땔 때여서 연탄가스로 세상을 떠나는 사람이 더러 있었는데 아버지와 오빠(승기 고3)도 그렇게 갑자기 세상을 떠나셨다. 어머니는 4남 1녀를 두셨는데 한날한시에 남편과 장남을 떠나보내셨다.

나는 고등학교를 졸업하고 직장생활을 하다가 큰집에서 재단사를 하고 있었다. 그러다가 1980년에 결혼하여 인천으로 왔다. 결혼 다음 해에 큰어머니가 지병이던 고혈압으로 환갑 전에 세상을 떠나셨다. 거기에 큰집 둘째 오빠(인기)는 결혼하여 프랑스에서 살고 있었는데 어머니의 별세 소식으로 충격을 받아 사고로 세상을 떠났고, 넷째(충기)도 갑자기 세상을 떠났다. 내가 아버지와 오빠를 잃은 지 12년 만이었다. 큰아버지는 5남을 두셨는데 비슷한 시기에 큰어머니와 차남, 그리고 4남을 잃으셨다.

가족 간의 대담

시간이 되어 추도예배를 시작했다. 참석자는 어머니, 청주에서 온 사촌오빠(곽현기 장로) 부부, 큰동생(곽웅기 장로) 부부, 둘째(원기) 동생, 셋째(동기) 동생, 그리고 나(인화)까지 이렇게 8명이었다. 사회와 설교(성경: 고린도후서 5장 1절~2절)는 큰동생이 하고 기도는 청주에서 온 사촌오빠가 했다. 설교를 마치고 찬송가를 부르려고 하는데 어머니가 아버지 생각나는 찬송가(이 눈에 아무 증거 아니 뵈어도)를 부르자고 하셔서 불렀다. 사회자가 예배를 마치기 전에 "어머니, 하실 말씀 있으면 하세요." 하니 기다렸다는 듯이 말씀을 시작하셨다.

엄마_ 먼저 원기와 동기가 신앙생활을 했으면 좋겠어. 그다음 형님(44년 전 큰어머니 별세하심)이 너무 일찍 가셔서 마음이 아파. 고생을 너무 많이 하셨잖아. 우리 애들 모두 가르치느라고(나는 고등학교를 큰집에서 다녔고, 막냇동생도 청주에서 대학을 다녔다. 큰집에서 교육비를 감당하셨으므로) 그리고 충기가 아팠던 생각을 하면 마음이 아파 인기도 또 엄마 돌아가신 거 알아가지고 갑자기 세상 떠나고. 둘이 세상 떠났잖아. 그래도 (예수) 믿다 갔으니까 천국 가셨지.

웅기_ 제가 훈련받고 부평 9공수 부대에서 근무한 지 두 달 됐을 때 누가 면회 왔다고 해서 나가 보니 인기 형이 찾아와서 깜짝 놀랐지요.

인기_ 이 부대가 왜 이렇게 무섭니?

웅기_ 거기 특전사니까 베레모 쓰고 살벌하거든요. 그때 인기 형이 프랑스 가려고 하는데 갑자기 제가 생각나서 왔다고 하더라고요. 그 후로 큰어머니 돌아가시고 그 소식 듣고서···.

엄마_ 그러게, 먼 데 있으면 연락하지 말아야 한 대. 오지도 못하고 갑자기 사고가 나서 아들 둘이 갔잖아.

현기_ 그렇죠. 55년 전에 작은아버님하고 승기 형님하고 돌아가셨지요. 승기 형님하고는 4살 차이인데 그 사이에 인기 형이 있었지. 셋이서 개구지게 잘 놀았어.

인화_ 맞아, 삼총사였지요.

현기_ 사건도 있었어. 우리가 답십리로 막 이사 가기 전에 조그만 집을 얻어서 자취 비슷하게 했는데 승기형이 그때 방학 때 왔는데 추운 겨울이니까 옛날 도청하고 중앙초등학교 옆에 나무가 있었어. 그 앞에 우리 집이 있었는데 내가 중학교 다닐 때니까 어린 나이지. 저 나무를 뜯어서 불을 때자! 그래서 그 나무를 하다가 들켰어. 도청까지 끌려가서 혼난 적이 있어. 그때 양장점을 할 때니까 가게에서 일하는 분이 오셔서 신원확인을 해주셔서 돌아왔지. 이게 범죄가 돼서 학교에 연락하는 건 아닌지 하고 얼마나 떨었던지···. 이게 하나의 에피소든데 정이 많이 들었던 형이 갑자기 그렇게 됐을 때, 특히 작은아버님하고 승기 형님이 돌아가셨을 때 나하고 인기 형하고 느끼기에는 야! 이게 뭐 하나님이 있냐. 하나님이 있다면 이 착하고 훌륭하고 믿음이 좋으신 분들을 일찍 데려갈 일이 뭐가 있어? 그래도 인기 형은 신앙생활을 계속했지만 나는 개구지고 좌충우돌하는 스타일이라 중학교 때부터 교회를 거의 안 나가게 됐어.

그리고 또 서울로 고등학교 진학하는 바람에 내가 혼자서 하숙을 하고 있으니까 누가 교회 가라는 사람도 없고. 그래서 신앙생활을 오랫동안 멀리했다. 지금도 그런 생각을 많이해요. 야 이 가정에 하늘이 무너지고 땅이 쏟아지는 큰 사건인데. 작은어머니는 그때 30대고, 작은아버님이 40대니까. 아까도 얘기했지만 우리(아들) 영일이 나인 거야 말하자면. 집안을 책임져야 할 40대 중반이었지. 근데 집안 살림이 어려우니까 승기형이 그 당시(고3) 답십리에 와서 개인택시를 한다고 운전면허를 따고. 또 어머님이 돌아가시고 인기 형이 돌아가셨지. 그런 아픔을 겪으면서 어언 나이가 70이 된 거야. 그러니까 인간이 무한할 수가 없기 때문에 어느 상한선에 도달하는 거는 진리니까. 그래서 나도 그런 생각을 많이 하게 되지. '정말 내가 죽어서 꼭 천국이란 개념을 떠나서 온전한 죽음을 맞으려면, 언젠가는 죽어야 할 운명이지만 그런 온전한 삶을 살아나갈 수가 있을까?' 우리가 연약하고 미래에 대한 불확실성 때문에 더욱 믿음이 중요하죠. 보이지 않는 걸 믿는 것이 어떤 면에서는 더 중요한 거라 생각을 하거든요.

엄마_ 우리 친정아버지가 믿음이 좋으셨지만 갑자기 돌아가셨는데, 나는 원망을 안 했어. '하나님이 계시면 이런가?' 하는 생각이 안 들었어. 그때 그래도 믿음이 있었나 봐. 그리고 작은아버지 돌아가셨을 때도. 간 사람은 하나님 앞에 갔으니까 걱정 없어. 우리가 어떻게 사나 생각하니 눈물도 안 나오더라고. 웬만해야 눈물도 나오지. 교회가 가까우니까 새벽마다 기도하고, 그리고 진짜 고생 많이 했지. (아버지 계실 때) 전세 살던 집이 만기가 돼서 집을 지으려고 땅을 알아보는데 땅을 팔지 않는 거야. 세를 얻기도 어렵고 그래서 그 돈으로 교회 안에다 지었잖아. (아버지 돌아가시고 나서) 나중에 교회 건축한다고 해서 헐렸잖아. 그래서 돈이 하나도 없는 거야.

주영 엄마(큰올케)도 고생 많이 했지. 집도 없으니까. 결혼 후 사글세 5만 원짜리 집에서 사느라고 고생 많이 했는데. 나는 그래도 교회 원망 안 했어. 교회 옆에 사니까 남보다 일찍이 교회 가서 막 울면서 기도했지. 하나님 앞에. 그랬더니 언젠가는 모르지만 한번은 그냥 내 입으로 나오는거야. "염려하지 마라! 염려하지 마라! 염려하지 마라!" 이렇게 세 번을 내 입으로 나오더라고. 이스라엘 백성이 애굽을 떠나 나올 때 홍해가 가로막혀 있을 때 같이. 내가 이스라엘 백성과 같은 처지였지, 내가 말씀을 알았으니까. 지금 돈도 없고 이렇게 이스라엘 백성처럼 홍해를 만난 형편이니까 그렇게 기도를 했나 봐 지금 생각해 보니까. 그렇게 기도했는데 그때부터는 마음이 평안한 거야. 걱정이 안 되고. 하나님 은혜야 진짜.

현기_ 나는 작은어머님의 그 어려웠을 때 (사촌동생들이) 초등학교 다니고 그럴 때(내가 중2, 웅기 국6, 원기 국3, 동기 국1), 하여간 그 성결교회 안에서 살 때야. 작은어머님이 광주리에 이고서 생선이나 물건을 팔러 다니시더라고. 그때 '저걸 다 팔아서 얼마가 될까?' 하고 걱정을 했어요.

엄마_ 그때는 청주에서 여기 자주 오셨어.

현기_ 그래도 뒤돌아본다면 작은 어머님은 세상 사는 방법을 아무것도 모르셨어요.

엄마_ 아무것도 몰랐지. 살림만 하다가.

현기_ 작은어머니 기도가 이 가정을 믿음으로 이끌었다. 작은아버지가 일찍 돌아가셨지만 그러한 믿음을 통해서 반드시 이 가정이 자손 대대로의 큰 축복을 받은 믿음의 가정이라는 생각을 저는 해요. 우리 집도 사실 우리 아버님은 재주도 많으셨지만 다양한 방법으로 삶을 즐길 줄도 아셔. 그러다 보니 집에 있는 어머니는 더 힘든 거야. 남들보다 기도를 더 많이 하셔야 했어. 내가 대학 4학년 때 어머니가 돌아가셨는데 지금 느끼는 거는 어머니의 기도가 있었기에 우리 집안이 그렇게 삶을 이끌어 나가는구나. 그래서 가장 축복받는 삶은 자손 대대로 믿음을 이어가는 가정인 것 같아요.

엄마_ (예수) 안 믿는 사람은 무슨 재미로 사는지 모르겠어!

인화_ 그 사람은 우리한테 그렇게 말하지요.

일동_ 하하하!

엄마_ 우리는 어려운 일 있으면 하나님께 기도하잖아. 도와달라고

현기_ 요즘 걱정은 젊은이들이 신앙을 안 가지잖아. 과학적으로 보면 신화론을 얘기하잖아. 교회에서는 창조론은 말하고. 그런 가운데 어떻게 믿음을 지켜나갈 수 있는가. 이것이 우리가 해야 할 현대인들의 사명이 아닌가 이렇게 생각합니다. 저도 어떤 때는 교회의

지도자들이 하는 걸 보면 실망스럽기도 하지만 '하나님과 나와의 관계지 그건 아니다'라는 생각을 해요. 그런 마음을 갖고. 나에게 가장 큰 영향을 준 것은 작은어머님이라든가 곽인화 우리 권사님.

나는 왜 기도를 하는지 모르겠어. 그렇게 고생을 하고 힘든데 (일동: 깔깔깔) 좀 나아져야 할 거 아니야. 근데 더 힘들어. 곽웅기 장로도 보면 성실하고 가정을 위해서 어머니나 동생들을 위해서 한 것을 보면 더 큰 축복을 받아야 하는데, 물론 지금도 많이 받았지만.

엄마_ 몰라서 그렇지, 우리가. 성경에는 고난이 유익이라고 하잖아.

현기_ 축복이 외형적인 축복이 아닌 거야. 이 삶의 마음의 축복, 믿음의 축복이 큰 것이 아닌가. 아무리 가진 것이 많아도, 대통령도 탄핵당하는 이 시기에. 과연 누가 행복하고 올바른 삶을 사는 것인가. 이런 생각을 해봐요. 나는 이제 나이가 들어서 잘 참석하지는 않지만 전에 중부권 장로님들 모임에 가면 곽웅기 장로 얘길 많이 했어. 이 시대에 이런 신실한 믿음이 쉽질 않다. 결국 그 축복이 믿음의 축복, 마음의 축복이란 말야. 이렇게 하기 위해서는 우리 제수씨(큰올케)가 보이지 않지만 가정을 이끌어 나가는 데 큰 역할을 했을 거라는 생각에 감사한 마음이 들고 그래서 곽장로가 우리 곽씨문중에서 믿음의 대들보가 된 게 아닌가 하고 생각해서 감사하다는 말씀을 드리고 싶네요.

엄마_ 나도 큰아들이 고등학교만 나와서 어떻게 해야 하나 걱정했어. 대학에 갈 형편이 안 돼서 어떻게 해야 하나 했는데 큰댁에 가서 기술 배웠잖아.

웅기_ 그때 제가 3일 금식기도를 여러 번 했지만 큰집에 가기 전에는 제가 6일을 했어요. 금식을 하고 청주에 갔어요. 가서 교복을 하다가 그때 교복자율화(교복이 없어짐)가 되니 일이 없어져서 온양으로 왔지요. 온양에 와서도 제가 보세(의류)를 했어요. 딱 10년 했는데 하나님께서 경제적으로 엄청난 복을 주셨어요. 제가 십일조를 많이 했어요. 지금 돈으로도 큰 건데. 매출이 계속 올라가니까 세무서에서는 카드 매출이 많이 나오니까 결국 세금 때문에 의류대리점으로 바꿨죠. '그때 세금을 더 내더라도 보세를 한 5년만 더 했어도 큰 빌딩 하나 사는데' 그런 생각을 최근에 많이 하게 되네요. 하나님께서 복을 많이 주셨어요. 저보다도 우리 처가 장사하느라고 고생을 많이 했지요.

엄마_ 결혼한 지 3일 만에 장사를 시작하느라고 고생 많았지. 집도 없었고.

현기_ 그럼. 아내의 협조 없이는 온전한 신앙 생활하기가 쉽지 않은 거야.

웅기_ 지금도 우리 교단의 선교단체 회장이에요. 단체에서 3~5년에 한 번씩 해외에 교회를 지어요. 지금 7번 지었고 요번에 8번째 지으려고 해요. 그래서 저번에 제가 네팔을 다녀온 거예요. 교회 지을 만한 데 있나 하고 답사했는데 거기가 부결돼서 딴 데 지으려고 하는데, 하나님의 은혜로 교단에서 뭐 이렇게 저렇게 일을 많이 해요. 사람들이 이것저것을 하라고 일을 많이 시켜요. 그래서 하나님의 은

혜로 살고 있습니다. 이제 주기도문으로 예배 마치겠습니다.

　우리는 예배를 마치고 식사한 후 다시 만나자는 인사를 하고 헤어졌다. 이번에는 사촌오빠도 함께하여 더 뜻깊고 은혜로운 아버지 55주년 추도식이었다.

그리운 큰아버지

▶ 큰아버지

친할머니 황운암 집사님은 큰아버지와 아버지를 낳고 사별하신 후 삯바늘질을 하셨다. 그 후 큰아버지는 할머니가 재가하시는 바람에 어릴 때 고모네서 계셨는데 한자리에만 앉아 있어서 앉으셨던 자리가 헤질 정도였다고 하는 말을 어머니께 들었다. 할머니는 재혼을 하신 후 작은아버지를 낳으셨다. 할머니는 할아버지가 돌아가실 때까지 작은아버지집에서 지내시다가 할아버지가 돌아가시자 큰아버지가 큰집으로 모시고 오셨다. 내가 온양에서 살 때(국민학교 ~중3) 큰아버지, 아버지, 천안 작은아버지 모두 양장점을 하셨다. 큰아버지와 친척들은 대부분 6·25 전쟁 시 피란을 나오셨다. 큰아버지는 월남하시면서 아버지 집에 재봉틀을 숨겨두셨고, 아버지는 월남하실 때 그 재봉틀을 가지고 나오셨다. 큰아버지는 국방색 군인 담요로 점퍼나 조끼 등 옷을 만들어 파셨다고 한다. 큰아버지는 일제강점기 때 일본인에게 양재 기술을 배우셨는데 동생들에게도 기술을 가르쳐서 양장점을 할 수 있도록 길을 열어주신 것 같다.

청주 큰집

국민학교 4학년 때 온양으로 이사 온 후로는 더러 청주 큰집에 다녀왔었다. 큰일 없이 지내고 있었는데 중2 겨울, 느닷없이 아버지와 오빠가 공장 방에서 주무시다가 한꺼번에 세상을 떠나셨다. 큰아버지께서 그전에도 물심양면으로 아버지를 도와주셨지만 별세하신 후에도 지원을 아끼지 않으셨다. 아버지가 돌아가시고도 일 년에 몇 차례는 청주에 갔었다. 그때는 온양 버스터미널에서 청주로 가는 직행버스가 없었다. 온양에서 조치원 가는 버스를 타면 천안 버스터미널에서 손님을 내려주고 조치원 가는 손님을 태운 후 조치원역 앞 버스터미널에 내렸다. 조치원에 내리면 버스 차장이 지금 청주로 출발한다고 소리를 지르고는 했다. 지금은 청주시외버스터미널이 외곽에 있지만 그때는 시내에 있어서 얼마 걷지 않아서 본정통에 있는 큰집(청주우체국 맞은편 양장점)에 도착했다. 그때 어머니는 큰아버지와 큰어머니 만나면 큰절을 하라고 하셨는데 숫기가 없었던지 나는 절을 하는 게 부담스러웠다.

답십리 큰집

온양여중 3학년을 마칠 즈음 큰아버지는 서울에서 제품공장을 하셨다. 큰아버지는 서울 큰집에서 고등학교에 다니라고 말씀하셨다. 나는 상업고등학교를 마치고 취업을 해서 가족에게 경제적으로 도움을 주려는 마음으로 상업학교가 있는 서울로 갔다. 고등학교에 다닐 때 큰아버지와 사촌오빠는 대학에 가고 싶으면 가라고 하셨지만, 나는 큰집에 더 이상의 폐를 끼치고 싶지 않아서 취업해야 한다고만 생각했다. 지금 생각해보면 아르바이트를 하며 대학에 다닐 수도 있었을 텐데, 그때는 미처 그런 생각을 하지 못했다.

고등학교 입학 전이었던 것 같다. 온양에서 완행 기차를 타고 3시간 걸려서 둘째 동생 원기와 서울역에 도착했다. 원기는 초등학생이라 표를 사야 했는데 키가 작아서 괜찮을 것 같아 표를 사지 않은 것 같다. 내렸더니 역무원이 표를 안 끊었다고 뭐라고 했다. 그래서 원기가 울었고 마중 나오신 큰아버지께서는 무슨 일인지 물으셨다. 그때 큰아버지는 제품을 만들어서 서울평화시장에 파신 것 같다. 그때가 청주에서 서울로 이사한 후 큰집에 처음 찾아가는 거였다. 서울역에서 답십리 큰집까지 버스를 타고 한 시간 정도를 가는데 원기가 언제 내리냐고 여러 번 물었다. 의자에 앉아있는 사람이 서 있는 우리가 가지고 있던 가방을 들어주려고 하자 동생은 가방을 가져가려는 줄 알고 깜짝 놀랐었다. 그때(50여 년 전)는 버스에 사람이 많아서 앉아있는 사람이 서 있는 사람의 가방을 들어주곤 했다.

내가 고등학교에 진학하고 있을 때가 큰아버지가 경제적으로 가장 어려운 시기였다고 생각한다. 이때도 할머니와 함께 생활했다. 답십리 큰집에서 삼선교에 있는 고등학교까지 가려면 중간에 버스를 한 번 갈아타야 했다. 한 번에 가는 버스는 배차시간이 드물어서 타기 힘들었고 등교 시간에는 학생이 많아서 버스가 오면 우르르 뛰어갔다. 버스를 겨우 탄다 해도 제대로 서 있기도 힘들 정도로 사람이 많았다. 나는 상업고등학교의 필수과목인 주산, 부기, 타자의 자격증을 취득하긴 했지만 학교생활이 재미있지는 않았던 것 같다.

그러나 훗날 생각해 보니 이때 배운 타자 실력으로 방송대와 대학원에 진학했을 때 컴퓨터 자판을 능숙하게 칠 수 있었던 게 아닐까 싶다. 학교에서 가정 수업 시간에 수를 놓아서 앞치마를 만드는 숙제가 있었다. 내가 수는 놓았지만 재봉틀이 없으니 어떻게 하면 좋을지 할머니께 말씀드렸다. 할머니는 손바느질로 앞치마를 멋지게 완성해 주셨다. 그리고 학비가 필요할 때도 할머니께서 자신의 금반지 일부를 팔아서 마련해 주셨다. 나는 학교 도서관에 근로장학생으로 들어갔다. 도서관에서 근무하고 학비를 면제받고 매달 2천 원씩 받기도 했다. 큰아버지는 다시 청주로 돌아가서 양장점을 차리셨다.

청주 큰집의 양장점 생활

답십리 큰집에서 고등학교를 나오고 나서 서울에서 직장생활을 2년 정도 하다가 온양으로 내려와서 취업했다. 그 후 재단을 배우고 싶어졌다. 동네에서 재단을 배우다가 당시 대전에서 유명하다는 재단 선생님께 배우기 위해 대전으로 갔다. 거기서 사촌 현기 오빠를 만났다. 큰아버지께서 재단을 배우려면 청주로 오라고 하여 큰아버지가 하시는 에덴양장점에서 재단사 일을 시작했다. 나는 그때까지 재봉틀 사용법을 배우거나 옷 만드는 일을 전혀 해보지 않았기에 일머리를 몰랐다. 재단도 마찬가지였다. 경험이 없으니 원단을 버릴까 봐 걱정이 됐다. 큰아버지께 "제가 재단을 잘못해서 비싼 천을 버리면 안 되니까, 싼 걸 끊어다가 연습해야겠다"고 말씀드렸다. 그랬더니 "그렇게 하면 (실수에 대한 부담이 없어서) 재단이 늘지 않는다"며 "원단을 버리면 내가 사 줄 테니 염려 말고 하라"고 하셨다.

그 양장점은 교복도 겸하고 있었는데 중학교부터 고등학교 입학생의 교복이다. 교복 철에는 일이 많아서 마음 편히 잘 수가 없어 재단실 한쪽에서 새우잠을 자기도 했다. 그때는 주문이 많아서 납기일을 제대로 맞추지 못할 지경이었다. 신입생들이 입학식을 앞두고 교복을 찾으러 왔지만 아직 나오지 않던 어느 날이었다. 덩치가 아주 작은 중학생이 옷을 찾으러 왔는데 옷이 없었다. 분명히 옷을 재단했는데 다른 학생에게 준 것 같았다. 옷을 다시 재단했다. 학생 이름 아래에 다른 사람에게 주지 말라는 내용을 써서 꼬리표를 길게 붙였다. 그 후 그 학생이 옷을 찾으러 다시 왔는데 그 옷이 또 없어진 거다. 나는 그 학생과의 약속을 지키지 못한 게 너무 미안하고 속이 상해서 눈물이났다. 아마 누군가 찾아갔을 거다. 입학식은 다가오는데 교복이 없으니…. 때로 내게 실수가 있으면 큰아버지에게 눈물이 찔끔 날 만큼 호되게 야단을 맞기도 했다. 이럴 때는 내가 이 양장점에 피해를 주는 건가 싶기도 했었다.

큰아버지의 양장점은 3층 건물이었다. 1층은 양장점, 2층은 주거공간, 3층은 공장과 방이 있었다. 3층과 옥상 사이에 재단실이 있었다. 그때는 연탄을 땠고 하루에 3번을 갈아야 하는데 내가 아침에 한번은 갈았다. 아침에 청소차가 오면 그 연탄들을 다 내다 버려야 했다. 아침잠이 많은 나는 아침에 일어나기가 힘들었다. 큰어머니는 고혈압으로 거의 눈을 감고 계셨지만, 매일 아침 새벽기도에 가는 것은 쉽지 않으셨다. 안타깝게도 환갑 전에 별세하셨다. 할머니도 계셨다. 할머니는 매일 성경을 소리 내어 열심히 읽으셨다. 옥상에 화초도 예쁘게 잘 가꾸셨다. 할머니는 뭐든 솜씨가 좋으셨다. 옷 만드는 공장에서 일하는 사람들은 필요한 것이 있으면 할머니를 찾곤 했다. 큰아버지는 드나들 때마다 할머니가 계신 방을 들여다보셨다. 큰아버지는 내가 온양에 갈 일이 있을 때마다 생활비와 필요한 물건들을 넉넉하게 챙겨주셨다. 양장점 옆에는 화장품 대리점이 있었는데 거기서 필요한 것을 사주신 적도 있었고 겨울 부츠도 맞춰주셔서 잘 신었다.

결혼 후 큰집 방문

큰집에서 하는 에덴 양장점에서 재단사를 하다가 26살에 결혼했다. 결혼할 때도 필요한 비용을 넉넉히 주셔서 부족함 없이 결혼을 할 수 있었다. 결혼하고서도 해마다 양력 1월 1일이 큰어머니 추도식이니 현기 오빠 집에서 친척들이 함께 모여 예배드리고 식사를 하곤 했다. 2011년 1월 1일, 50대 중반의 나이에 대학원 논문이 통과되어 논문집을 가지고 갔을 때 큰아버지는 몹시 기뻐하시며 용돈도 주셨다.

▶ 큰아버지 구순연에 참석한 가족과 친척들

2011년 10. 15일, 청주 라마다호텔에서 큰아버지 구순(九旬) 감사 예배를 드렸다. 미국에 사시는 사촌 큰오빠 곽능기 장로 내외와 조카들, 그리고 친척들이 함께했다. 2012년에는 첫 번째 수필집 『길 위에서 만난 사람들』을 갖다드렸다. 이때도 좋아하셨다. 나는 자그마한 효도라도 한 것 같아서 뿌듯했다. 같은 해에 어머니를 모시고 청주에 갔다. 청주시외버스터미널에 큰아버지와 큰어머니(재혼하셨음)께서 마중을 나오셨다. 큰아버지가 운전하시는 차를 타고 한정식집에서 점심식사를 했다. 큰아버지가 사시는 아파트에는 오래된 공업용 브라더미싱이 있었는데 큰아버지는 지금도 수선을 직접 해 입으신다고 들었다. 다음날도 정원이 아름다운 한정식집으로 데리고 가주셨다. 점심 식사 후 터미널까지 데려다주셔서 거기서 어머니는 온양으로 나는 인천집으로 향했다.

별세

2013년 큰아버지가 아프시다고 하여 큰집에 갔었다. 한 달간 물만 조금 드시고 금식하셨다고 하는데 영양주사나 죽도 드시지 않고 주사 아줌마도 한사코 거부하셨다고 들었다. 인위적으로 생명이 연장되면 죽기 힘들어서 싫다고, 그래서 체온과 혈압만 쟀다고 하셨다. 내가 할 수 있는 게 없어서 발을 주물러 드렸다. 큰아버지는 (내가 발을 주무르는 게) 별로 시원하지도 않고 너는 힘만 드니 그만하라고 하셨다. 본인이 그렇게 고통스러우시면서도 우리들의 식사를 챙기셨다. 큰아버지는 잘 살아! 살기도 힘들고 죽기도 힘들다고 하셨다. 큰어머니는 큰아버지 병간호에 워낙 지치셨는지 평소와 다르게 짜증을 내셨다. 같이 갔던 어머니는 아버지 돌아가시고 나서 큰아버지께서 식구들 치수대로 엑스란 내복(1970년대에 빨간색 내복은 널리 알려진 유명 내복이었다)을 사 오셨다고 하셨다.

2014년 1월 1일에 현기 오빠 집에서 예배드리러 다녀왔다. 그 후 큰아버지 건강이 안 좋으셔서 미국에서 사촌오빠 부부가 한국에 오셨다. 나는 큰오빠를 보려고 청주에 갔는데 큰아버지가 무척 쇠약해지셔서 평소의 마른 몸이 더 말라서 뼈만 남은 것처럼 보였다. 큰아버지는 나와 대화할 때 '목소리가 안 나와서 힘껏 큰 소리로 말하는 것'이라고 하셨다. 큰어머니로부터 동생(아버지)을 부르며 우신다는 말씀을 들었다. 집에 올 때 주무셔서 그냥 왔는데 그때가 마지막 모습이셨다. 큰오빠는 아버지가 괜찮으신 것 같아 미국으로 돌아가려고 했는데 떠나기 바로 전에 별세하셨다. 큰어머니 돌아가셨을 때는 갑자기 돌아가셔서 미국에서 급하게 왔는데 이번에는 있을 때 돌아가셨으니 천만다행이다. 큰아버지가 별세하셨다는 소식을 듣고 청주에 또 갔는데 2014년에만 청주에 세 번 다녀온 셈이다.

나의 아버지가 중학교 2학년 때 갑자기 세상을 떠나셨다. 그렇지만 외롭지 않고 덜 힘들게 살아갈 수 있었던 것은 큰아버지와 사촌들 덕분이기에 평생 고마운 마음이다. 친아버지가 계셔도 그렇게 해주기 어려운데 큰아버지는 어떻게 우리에게 그렇게 잘 해주셨을까.

돌아가신 큰어머니는 동생에게 유달리 잘해주시는 큰아버지가 좋지는 않으셨을 것 같다. 스트레스도 많이 받으셨을 것 같다. 내가 철이 일찍 들었더라면 큰어머니께도 나의 감사함을 표현할 수 있었을 텐데 그러지 못해서 아쉽고 죄송하다. 누가 뭐래도 나에게 큰아버지는 정말 커다란 아버지셨다.

남편의 손은 금손

시골에 살면 도시보다는 일이 많게 마련이다. 집을 수리하는 일만 해도 그런데 우리 집은 농사를 지으니 힘을 쓸 일이 많은 편이다. 일에는 손재주도 필요하지만 먼저 몸이 건강해야 할 수 있다. 태어날 때 몸이 건강하게 태어난 사람도 있고 그렇지 못한 사람도 있다. 그리고 후천적으로도 건강관리를 어떻게 했느냐에 따라서 달라지기도 할 것이다. 애초에 남편은 건강하고 나는 그렇지 못하다. 나와 달리 남편은 일을 잘한다. 남편은 평소 내가 컴퓨터가 안 된다고 할 때나 칼을 갈아달라고 할 때 등 무슨 문제가 있다고 말하면 바로 해주었다. 그래서 잘한다고 생각은 하고 있었지만 이렇게까지 잘할 줄은 몰랐다. 2019년에 이사를 하는 과정에서였다. 이사할 때 어머니의 오래된 물건까지 합쳐져서 짐이 아주 많았다. 장롱 등 덩치가 큰 가구를 1톤 트럭 한 대로 한 번만 실어 나르고 나머지는 남편이 경운기로 수십 번 실어 날랐다.

집터에 6평짜리 이동식 주택을 설치하고 그 옆에 컨테이너 9×3m짜리 2개를 양쪽에 배치했다. 두 개의 컨테이너 사이에는 컨테이너 두께만큼 띄어서 공간으로 남기고 그 공간 위에만 양철로 지붕을 씌웠다. 겨우 준공검사를 받았지만 비가 오면 비가 안으로 들이쳐서 가구와 집기 모두 엉망이 되었었다. 그다음 해인가 지붕 재료를 사서 컨테이너와 공간 전체를 하나의 지붕으로 만들어 씌웠다. 지붕 재료는 한 개를 들기에도 크고 무거웠다. 그걸 싣고 온 기사님이 지붕으로 올리고 남편이 지붕으로 올라가서 받았다. 일단 지붕 재료를 모두 지붕 위에 올렸다가 하나씩 이어서 지붕을 완성해냈다. 그리고서 컨테이너 사이의 공간을 나무로 막았다. 거기에 창문과 출입문까지 달아서 창고건물을 쓸모 있고 보기 좋게 만들어 놓았다. 그걸 처음 보는 사람은 아예 하나의 큰 건물처럼 보일 정도다.

집도 마찬가지다. 현관문 밖이 바로 마당이라서 방문을 열고 나가자마자 눈 오면 눈맞고, 비 오면 비 맞고 바람 불면 바람을 맞을 수밖에 없었다. 몇 년 후에는 현관 앞을 나무 데크로 시공하고 지붕도 투명하게 씌웠다. 남향이라서 겨울에는 따뜻해도 여름에는 더운데 여름이 다가오면 지붕에 검정비닐과 차광막을 씌워서 그늘이 지게 한다.

작년 겨울이었다. 첫눈치고는 엄청나게 많이 왔는데 게다가 습기가 많은 눈이라 무거웠다. 그전까지는 집 뒤편에 지붕과 연결하여 천막을 치고 여름에는 햇빛을 비나 눈이 올 때는 그것을 피해서 자동차를 세웠었다. 바람이 많이 불면 삐걱대는 소리가 들리긴 했지만 참고 몇 년을 지내왔다. 그랬는데 그 폭설에 그 천막이 눈과 함께 자동차 위로 무너져 내렸다. 남편은 궁리 끝에 다시 공사를 시작했다. 이번에는 천막 대신에 양철로 지붕을 씌우고 아래는 비닐하우스처럼 파이프를 구부려서 차고를 잘 만들었다. 이제는 눈이 오나 비가 오나 걱정이 없어졌다. 이사 오고 나서 처음에는 불편했던 것들이 남편의 손을 거치면서 이제는 생활하는 데 불편함이 없어졌다. 얼마 전에는 복사기를 새로 샀는데 프린터를 설치해 주고 제대로 작동하는지 프린트도 해주었다. 기계치에 가까운 나는 어림도 없는 일이다.

  지금 사는 이 집터에도 예전엔 나무가 무성했었다. 오래전에 일일이 손으로 나무를 정리하고 감나무를 심었었다. 돌보지 못해 다시 산이 되다시피 했는데 다시 정리하고 감나무를 심었다. 그뿐인가 도장골도 평지에 천 평의 땅을 정리하고 덤불을 제거하고 포도를 심었었다. 돌보지 못하자 다시 숲이 되었고 다시 또 나무를 심었다. 지금 이곳저곳에 심어놓은 과수 농사를 짓느라 혼자서 바쁘다. 시골에서 나고 자랐지만 농사를 지어보지 않았던 남편은 지금 농사꾼이 다 됐다. 지금도 일하는 게 재미있다고, 힘이 안 든다고 한다. 힘들어도 일 자체를 좋아하고 재미있어하니 얼마나 다행인가! 집에 문제가 있거나 내가 필요한 일을 부탁할 때마다 바로 뚝딱하고 해결하는 남편의 손이야말로 금손이 아닐까 싶다.

딸을 향한 소박한 바람
—딸의 투병기

사람은 누구나 자기 자녀가 잘되기를 소망할 것이다. 자녀에 따라 기대치가 다르긴 하겠지만 누구나 자녀가 잘되기를 바라는 마음이 있다. 어렸을 때는 건강하게 잘 성장하기를 바라고, 진학해야 할 시기가 오면 원하는 학교에 진학하기를 바라고, 학교를 졸업하면 취업하기를, 혼기가 되면 결혼하기를 원할 것이고, 결혼하면 손주를 보기를 바랄 것이다. 자신의 자녀가 고생을 덜 하고 몸도 마음도 편하게 살기를 원하는 것은 자식을 둔 부모의 자연스런 마음이지 않을까! 나도 성인이 된 딸이 결혼해서 건강하고 행복하게 살기를 바랐었다.

2020년 발병

5년 전 4월이었다. 딸이 영흥 집에 오기로 한 날에 오지 못하고 며칠 후에 오겠다고 했다. 알아보니 새로 취업한 회사에서 건강진단검사를 해오라고 했다고 한다. 그런데 그 검사에서 암이 발견되었다고 하여 재검사를 했다고 한다. 깜짝 놀라서 인천의 모 병원에서 교수님을 만났다. 그 병원에서도 수술해야 한다고 하여 서울의 모 병원에 예약했다.

-5월 19일, 서울의 병원에서 교수님을 만났더니 MRI 판독결과지를 보시고 5월 26일 입원 예약해서 색전술하고 3~4주 후에 결과를 보고 6월 말에서 7월 초에 우엽 복강경수술 할 예정이라고 하셨다. 의사에게 내 간을 줄 수 있는지, 코노스(국립장기조직혈액관리원)에 뇌사 간이식 대기자로 등록할 수 있는지 여쭤보니 어려울 거라고 하셨다. 그래서 병원 코디네이터에게 다시 물으니 간암은 수치가 그렇게 오르지 않아서 등록하는 게 의미가 없다고 했다. 이때부터 직장에 나가지 못하고 투병 생활이 시작되었다.

-5월 26일, 1차 입원. 색전술 1차 시술.

-6월 11일, 2차 입원. 문맥 차단술 2차 시술.

-6월 13일, 103병동 32호실 1번 침대(2인실)에서 103병동 37호실 3번으로 자리 이동했다. 지하 숙소에서 호텔로 격상한 느낌으로 창가 자리라서 마음에 들었다. 가격은 제일 낮은데 만족도는 높았다. 오후에 신관 7층 옥외휴게실에 산책하러 다녀왔다. 병동 내 4번 환자는 남편에게 신장을 제공해 주었고 5번 침대의 환자는 신장이식을 받았다고 들었다.

-7월 3일, 3차 입원하여 6일에 수술하고 6일에 수술하고 15일에 퇴원했다.

2021년 재발

-8월 6일, 딸이 그동안 관리를 잘한 줄 알았는데 외래에서 1cm 암이 재발했다는 통보를 받았다. 퇴원 전에 만난 의사의 얼굴이 처음 보는 어두운 표정이라서 많이 안 좋은가보다 하고 생각은 했는데 생각보다 나쁜 소식이었다.

-8월 21일, 4차 입원했다. 이틀 전, 옹진군 보건소에서 PCR 검사를 하고 오후 3시 30분에 동관 10층 104병동 33호 6인실에 입원했다. 채혈이 잘 못 돼서 전문 간호사가 다시 했다. 나는 잠이 안 올 것 같아 신경 쓰였으나 생각보다 잘 잤다.

-8월 22일, 보호자도 열을 쟀다. 주일이라 유튜브로 10시 예배를 드렸다. 오후 2시 35분. 왼손에 주삿바늘을 꽂았다.

-8월 23일, 색전술 하는 날 오전 11시다. 이동직원이 딸을 혈관조영실(동관 2층)로 데려가려고 침대에 눕히고 하얀 시트로 덮어 놓은 걸 보자니, 마치 장례식장에서의 모습이 연상돼서 눈물이 났다. 그러고 있는데 맞은편에 실려 온 환자가 눈에 들어왔다. 머리카락이 모두 밀려서 하나도 없고 뼈만 남은 왜소한 체격인데, 이동을 기다리면서도 손에서 핸드폰을 놓지 않고 문자를 하는 모습을 보자 그 모습이 우스워서 그만 눈물이 쏙 들어가 버렸다. 혈관조영실 앞에서 딸을 기다리려는데 전처럼 앉아서 기다릴 의자가 없었다. COVID-19로 치운 듯한데 상황을 알려주는 전광판도 보이지 않았다. 점심 식사 후 입원실로 가 있으려고 엑스레이실 앞을 지나는데

언제나처럼 수십 명의 환자가 그 앞에서 대기하고 있었다. 딸은 1시간 후 입원실에 도착했고 3시간 후 지혈대를 제거하고 수박과 견과를 조금 먹었다. 오후 4시에 간호사가 보호자 COVID-19 검사를 해야 한다고 했다. 입원 후 며칠이 되면 검사를 또 해야 하나 보다. 딸은 구역질에 대비해서 항구토제 주사를 맞았는데도 식사를 못 하고 계속 잤다. 오후에 주치의가 오셔서 간 수치가 내려가면 모레 퇴원 예정이라고 하셨다.

진퇴양난

입원 수속을 할 때 직원이 말했었다. 입원 침대가 6번 밖에 없는데 그래도 하겠냐는 말을 들었을 때 왠지 불길한 느낌이 없지는 않았으나 그렇다고 그만두고 돌아갈 수는 없었다. 원래는 일요일에 해도 되는데 그날은 자리가 없다고 해서 미리 당겨서 온 거였다. 6번 자리밖에 없다니 하는 수 없이 입원실로 들어왔다. 그동안 6번 자리는 처음이었다. 병실에 들어와 보니 5번 침대의 보호자 의자뿐 아니라 커튼도 5cm 정도가 6번인 우리 쪽으로 휘어져 있었다.

8월 23일에 딸의 시술을 마치고 병실로 돌아왔을 때였다. 이동 직원이 5번 환자 보호자에게 의자를 6번 쪽으로 당겨야 6번 침대를 제 위치에 놓을 수 있다고 했다. 그러자 5번 보호자는 우리도 좁다며 내켜 하지 않았으나, 마지못해 침대를 제 위치로 복귀시켜야 했기에 우리에게는 다행이었다. 환자 침대와 보호자 침대 사이에는 공간이 있어야 간호사들이 들락거리며 주사나 처치를 해야 하는데, 우리는 워낙 공간이 없어서 보호자 의자를 침대에 붙였었다.

환자 침대와 보호자 침대를 마주 붙이자니 간호사가 들어가서 환자를 처치할 공간이 없고, 떼자니 화장실 문을 열 수 없을뿐더러 보호자가 다리를 뻗을 수 없으니, 이것이야말로 진퇴양난이 아닐 수 없었다. 104병동에는 보호자가 누워 다리를 펴기 힘든 병상이 2개다. 물론 1인실과 2인실은 해당이 되지 않는다. 이 병동의 6인실 5개 방 중 두 개가 이에 해당하고 그 두 개 중에 내가 하나 당첨된 거다. 다인실의 공간이 넓지 않아서 지금도 매일 입원실에서 이런 일이 벌어지고 있을 것만 같다.

-8월 24일, 딸은 어제 시술 후 오늘 아침까지 식사하지 못했다. 10시에 서관 앞 선별진료소에서 상주 보호자 COVID-19 검사를 했다. 딸은 점심 식사 때 밥을 1/4공기 먹었다.

-8월 25일, 퇴원하는 날이다. 병원에서 간이식 준비 안내 책자를 주었다. 어제 의사 선생님께서 회진 시 "색전술 할 때 혈액이 모여있는 곳에 항암을 했다"고 하시는데 표정이 좋지 않은 걸 보니 마음에 걸렸다. 그 표정이 내내 마음에 걸려서 새벽에 깼을 때 간이식 과정에 대한 것과 식이요법이나 봐야 할 서적도 인터넷으로 검색 해봤다.

-10월 1일, 외과 외래 시, 의사 선생님이 하신 말씀이다. 딸의 상태는

1. 최근 실시한 색전술이 효과를 보이지 않아 방사선 치료를 고려하고 있다고 하셨다.

2. MRI를 찍으려 했으나 찍은 지 6개월이 지나지 않아 (자부담으로 해야 하니) CT로 예약하라며 2개월 후로 예약해 주셨다. (MRI가 정확하고 검사받기에 용이하나 일정 기간 이상이어야 보험처리가 된다, 아니면 본인 부담인데 100만 원 정도다)

3. 시술 2개월 후인데 수치가 좋아진 걸 보니 잘 된 것 같다며 3개월 후에 보자고 하셨다.

2022년 2번째 재발

1월에 국내 여행을 하면서 딸에게 말했다. "요즘 왜 그렇게 몸에서 힘이 다 빠져나간 듯 기운이 없나 했더니, 네가 아파서 스트레스를 받아서 그런 거였구나." 딸은 "엄마가 깨닫지 못하시길 바랐는데 드디어 알게 되셨네요." 한다.

-6월 28일, 10여 개월 동안 괜찮았었다. 외래에 갔을 때 선생님께서 1.1cm 암이 재발했으니 다시 입원해서 색전술을 해야 한다고 하셨다. 딸은 집으로 와서 있다가 제집으로 갔다.

-7월 14일, 색전술을 하기 위해 입원하여 15일에 시술하고 17일에 퇴원하여 집으로 왔다.

2023년 허리 디스크가 터짐

한 1년간, 딸은 병원에 꾸준히 다녔고 별일이 없었던 7월이었다. 딸은 방학이라서 수영, 운동, 음식 만들기를 신청했다며 들떠서 배우러 다녔다. 나는 내심 걱정스러웠는데 주일에 만나서 보니 허리가 비뚤어져 있었다. 딸은 허리에 무리가 갈 때면 그랬었다. 그럴까 봐서 활동을 줄이라고 했었는데 기어이 허리에 큰 문제가 생기고 말았다. 평소에도 허리가 좋지 않아서 병원에 다니며 물리치료를 받아 왔던 터였다.

-8월 27일, 같이 교회에 다녀와서 딸 집에서 점심을 먹었는데 이때도 허리가 좋지 않았다.

-9월 24일, 그동안 이러저러한 일로 교회에 가지 못한다고 했던 딸은 이날도 전날 문자를 했다. 걷지 못해서 교회에 못 간다는 문자를 받고서 김밥을 사 가지고 갔다. 지난주 월요일에 마지막으로 겨우 병원에 다녀왔다며 걷지를 못해서 병원에 못 갔다고 하며 1주일째 설거지도 못 했다고 했다. 딸네 집에서 유튜브로 예배드리고 집으로 데려왔다. 원래는 화장실이 가까운 남편 방을 쓰기로 하고 잠시 내 침대에 누워있었는데 한 번 눕자 일어나기 힘들어서 계속 나와 한방에 있게 됐다. 다음 날 아침에 보니 얼굴은 더 괜찮아진 것 같은데 몸은 더 아프다고 했다. 집에서 있을 때보다 우리 집이 화장실이 멀어서라고 하며 집에서는 밥 먹기 힘들어서 두 끼만 먹었다

고 했다. 우리는 다니던 서울 병원의 신경외과에 예약했다. 누워있어도 계속 아프다고 했다. 딸이 학우들과 그동안 해왔던 첫 번째 줌(zoom) 스터디는 억지로 했으나 두 번째는 일어나 기대지도 못해서 누워서 하려고 했다. 그 모습을 본 학우들은 몸이 나으면 하자고 하여 그때부터 학교 스터디를 중단했다.

-9월 25일, 아침에 보니 얼굴은 나아 보였는데 몸은 더 아프다고 하며 제집에 있을 때보다 화장실이 멀다며 다녀올 때마다 아프다며 비명을 지르고 짜증을 냈다. 의자를 손으로 밀고 걸어 다니며 화장실에 다녔다.

-9월 26일, 오늘은 허리보다 왼쪽 다리가 더 저려서 동네의원이라도 가야 하나 갈등했으나 어제 받아온 진통제를 먹였다.

-9월 27일, 10월 4일 신경외과를 예약했다. 2급 병원에 가서 의료급여의뢰서와 처방전을 받아왔다.

-10월 1일, 3가지 검사를 해야 하는데 과연 검사를 잘 받을 수 있을까 염려했지만 다행히 잘 받고 돌아왔다.

-10월 4일, 신경외과 의사를 만났고 한 달 치 약을 처방받아 왔다.

-10월 10일, 송 선생님 외래진료 날이다. 남편이 근무라서 딸이 지인의 차를 타고 가게 됐는데 나도 함께 갔다. 그 커플이 영흥도에서 서울의 병원까지 데려다주었다. 병원 도착 후 휠체어를 찾아서 딸을 앉혀야 하는데 아무리 찾아도 없었다. 하는 수 없이 쇼핑카트를 주고 휠체어를 밖으로 찾으러 나갔었다. 찾지 못하고 다시 들

어오려고 출입증을 찾으려다 못 찾았다. 출입증 캡처본을 보여주니 안 된다고 했다. 카톡을 열고 병원에서 받은 걸 보여줘야 하는데 갑작스런 상황에 몹시 당황해서 카톡만 확인하다 딸에게 전화하니 이미 진료실에 도착했다고 했다. 오랜만에 가서 그런지 COVID-19가 끝나서인지 병원에는 얼마나 사람이 많은지…. 딸네 집에 갔다가 남편이 운전하는 차를 타고 영흥 집으로 왔다.

-10월 13일, 허리 MRI 검사.

-10월 25일, 병원 외래(신경외과)에 진료받았는데, 수술하지 않으려면 마취통증의학과로 가라고 했다고 한다.

-10월 29일, 성인용 보행기 구입.

-11월 8일, 통증의학과(통증 클리닉)에서 요추경막외신경차단술(주사 시술)을 받았다. 한 달 치 약도 받아왔다.

-11월 21일, 방안에서만 운동하다가 데크에서 걸으며 운동을 시작했다.

-11월 27일, 그동안 서지 못해 주저앉아서 샤워했는데 처음으로 서서 샤워를 했다.

-12월 1일, 오늘 내가 다니던 병원에 정기검진을 다녀왔다. 의사 선생님은 헤파빅 수치가 250은 되어야 하는데 200이 되지 않는다며 다음에도 그러면 한 주를 당겨야 한다고 하셨다. 앞으로는 딸에 대한 수고를 줄이려고 한다. 내가 아프면 최소한의 것도 못 해줄 것 같아서다.

-12월 3일, 육수를 만드느라 게를 끓였다. 다른 때는 살을 발라서

줬는데 통으로 줬더니 딸이 가위질이 힘든지 먹지 못했다.

　-12월 6일, 운동을 너무 열심히 했는지 허리가 좀 아프다고 했다. 1초간 설 수도 있다고 했다. 혼자서 선다는 것은 몇 개월간 상상할 수 없는 일이었다.

　-12월 8일, 딸은 10시 45분에 시작하는 기말시험을 보기 위해 8시 30분에 인천지역대학으로 출발했다. 12월 1일이었으면 못 봤을 것 같다. 집에서는 그렇게 오랜 시간 앉아 있지 못했었다. 다행히 시험을 마치고 12시 11분에 집으로 출발한다는 문자를 받고 안도했다. 우리가 바라는 것은 시험을 마칠 수만 있는 것이었는데 감사했다.

　-12월 14일, 처음으로 혼자서 샤워하고 머리를 말렸다. 방 안에서 보행기 없이 화장실에 가려고 해서 허리에 무리가 간다고 말렸다. 보행기 없이 밖으로 나가서 고양이를 만지고 돌아와서는 허리가 아프다고 하여 그러지 말라고 했다. 통증클리닉에서 맞은 주사로 허리가 많이 좋아진 것 같다.

　-12월 15일, 병원 통증클리닉에 다녀왔다. 이번에는 등뼈 왼쪽을 주사기로 시술했다고 한다. 시술 전에 부작용 우려로 주사를 맞기 위해 한 시간 반을 대기했다고 한다.

　-12월 19일, 이제는 보행기 없이 잠시 현관 앞에 있는 나무 데크에 나가기도 하고 화장실에도 다녀온다. 12월 5일 이후부터 상태가 좋아진 듯 보였지만 12월 15일에 병원 다녀와서 눈에 띄게 좋아진 모습을 보니 다행스럽다.

2024년 상태가 호전됨

2월에 통증의학과에 다녀오고 약도 받아왔다. 혼자서 물리 치료하는 방법도 배웠다고 하는데 두 달 후에 와서 괜찮으면 그만 와도 된다고 했다고 했다.

-2월 18일, 작년 8월에 딸이랑 교회에 다녀왔는데 그동안 딸이 아파서 함께 가지 못했다가 오늘 드디어 약 6개월 만에 같이 다녀왔다. 이후에 아직껏 허리에 별다른 문제 없이 지내고 있다.

2025년 산정특례 연장

딸은 1월 6일부터 주 5일 8시간 근무하기로 출근을 시작했다.
-2월 20일, 간이식 외래 결과 보는 날 남편과 같이 갔다. 암세포는 보이지 않는다고 하셨다. 원래 4개월 만에 와도 되는데 국민건강보험의 산정특례기간이 2025년 5월까지라서 이번에는 3개월에 해 주셨다. 산정 특례란 암, 희귀질환, 중증난치질환 등 병원비가 많이 들고 치료 기간이 오래 걸리는 중병에 대해서는 국민건강보험에는 산정특례등록을 통해서 병원비를 5~10%만 받는 제도다. 최초 등록 후 5년이 지나도 계속 병원치료를 받아야 한다고 인정되면 담당 의사가 산청특례신청서를 발행해 주면 다시 5년이 연장된다. 즉 딸은 암이 발견돼서 치료한 지 만 5년이 되어간다.

-5월 27일, 정기검진 날이다. 병원에 다녀온 딸은 의사선생님께서 "산정특례를 연장하게 해준다는 서류를 행정복지센터에 제출하라고 하셨다"고 문자를 보내왔다.

딸은 5년 전에 암 수술을 하고, 2년 전에는 허리 디스크가 터져서 영흥 집으로 왔다. 6개월간 집에서 쉬고 있었다. 직장을 그만두고 퇴직해 있는 동안 방송대에 다녔다. 학교 다닐 때 멀리하던 공부를 스스로 다시 시작했다. 2011년~2012년에는 직장생활을 하며 경영학과에 편입해서 졸업했었다. 2022년~2023년에는 평소에 해보고 싶다던 사회복지학과에 편입해서 공부했다. 허리가 아파서 걷지도 못해서 보행기를 끌고 가서 사회복지사 1급 시험에 합격했다. 2024년에는 교육학과에 편입해서 올해 4학년만 마치면 된다. 그동안 딸의 쾌유를 위해 기도해 주신 분들과 물심양면으로 도와주신 분들께 감사드린다. 딸이 발병하고서 처음 3년간은 여러 가지로 힘들었는데 4년째 되는 해에 허리가 나으면서부터 내 마음이 힘듦에서 놓여났다. 올해 5년 차는 마음이 편해졌다. 딸이 건강하게 살아있으니 감사하다. 그리고 올해부터는 취업하여 사회복지사로서 사람들에게 도움이 되는 일을 하고 있다. 이런 딸에게 무엇을 바랄 것인가. 그저 건강하게 사회생활하고 마음이 행복했으면 좋겠다는 것, 이것이 딸을 향한 소박한 바람이다.

꿈을 찾아가는 여정

곽인화 지음

발행처	도서출판 청어
발행인	이영철
영업	이동호
홍보	천성래
기획	육재섭
편집	이설빈
디자인	이수빈 l 구유림
제작이사	공병한
인쇄	두리터

등록   1999년 5월 3일
        (제321-3210000251001999000063호.)

1판 1쇄 발행 2025년 8월 31일

주소   서울특별시 서초구 남부순환로 364길 8-15 동일빌딩 2층
대표전화 02-586-0477
팩시밀리 0303-0942-0478
홈페이지 www.chungeobook.com
E-mail   ppi20@hanmail.net

ISBN   979-11-6855-375-0(03810)

이 책의 저작권은 저자와 도서출판 청어에 있습니다.
무단 전재 및 복제를 금합니다.